新时期公共图书馆
阅读推广策略优化研究

田淑霞　著

辽宁人民出版社

© 田淑霞   2024

图书在版编目（CIP）数据

新时期公共图书馆阅读推广策略优化研究 / 田淑霞
著 . -- 沈阳：辽宁人民出版社，2024．12．-- ISBN
978-7-205-11268-4

Ⅰ．G252.17

中国国家版本馆 CIP 数据核字第 2024843U1Y 号

出版发行：辽宁人民出版社
　　　　　地址：沈阳市和平区十一纬路 25 号　邮编：110003
　　　　　电话：024-23284191（发行部）　 024-23284304（办公室）
　　　　　http：//www.lnpph.com.cn
印　　　刷：天津光之彩印刷有限公司
幅面尺寸：170mm×240mm
印　　张：10.25
字　　数：110 千字
出版时间：2024 年 12 月第 1 版
印刷时间：2024 年 12 月第 1 次印刷
责任编辑：孙姣娇
装帧设计：一诺设计
责任校对：吴艳杰
书　　号：ISBN 978-7-205-11268-4

定　　价：56.00 元

目　录

新时期公共图书馆阅读推广策略优化研究

第一章

公共图书馆阅读推广策略概述

一、公共图书馆的作用和发展

（一）公共图书馆的定义与功能

公共图书馆是一个向公众开放的阅读和学习场所，旨在为人们提供免费的图书资源和服务。它是城市、社区或学校教育系统中不可或缺的一部分，能够满足人们对知识的渴望和学习的需求。公共图书馆的定义包括两个关键要素：一是"公共"，即对所有群体开放，不论身份、年龄、性别、种族或经济状况；二是"图书馆"，这是指馆内所收藏的图书、杂志、报纸等各种文献资源以及提供的借阅、查询、参考等服务。公共图书馆不仅仅是提供图书借阅的场所，它更是一座智慧的殿堂，为人们提供了广阔的学习和发展空间。不论是学生、教师、工程师、医生、家庭主妇还是退休人员，每个人都可以在这里找到自己感兴趣的图书，拓宽视野，增加知识。除了提供图书资源，公共图书馆还提供多种不同的服务，如借阅服务、阅读指导、图书推荐、咨询服务、读书俱乐部、讲座和展览等。这些服务旨在激发人们的阅读兴趣，提高人们的阅读能力，促进知识的传播和文化的交流。公共图书馆的功能也在不断地拓展和创新。近年来，随着数字化的发展，公共图书馆不仅提供实体图书的借阅，还提供电子图书、在线数据库、电子期刊等电子资源的使用。人们通过图书馆的网站或移动应用程序，即可方便地查找和借阅图书，无须到馆内。

公共图书馆是知识传播的重要阵地。图书馆汇集了各类图书、期刊、报纸、电子资源等，为用户提供了一个获取知识的平台。在这里，人们可以阅读到古今中外的经典著作，了解各个领域的最新研究成果。图书馆还会定期举办讲座、研讨会等活动，邀请专家学者分享前沿知识和观点，进一步拓宽了公众的视野。图书馆为用户提供了一个安静、舒适的阅读环境，有助于培养人们的阅读兴趣，提高人们的阅读能力。通过阅读，人们可以提高自己的文化素养，丰富自己的精神世界。此外，图书馆还针对不同年龄段的读者，开展了丰富多彩的阅读推广活动，如亲子阅读、青少年阅读计划等，旨在培养下一代的阅读习惯和综合素质。图书馆不仅提供了大量的教育资源，如各类教材、辅导资料等，还积极开展各类教育活动，如读书会、写作班、外语角等，帮助人们提高学历和技能。此外，图书馆还与学校、企事业单位等合作，开展定制化的教育培训服务，满足不同群体的教育需求。图书馆汇集了国内外大量的学术资源和创意作品，为科研人员、艺术家等提供了丰富的创作素材和灵感。同时，图书馆还举办各类展览、艺术鉴赏等活动，促进了文化交流和艺术传播。此外，图书馆积极运用现代科技，如数字图书馆、移动图书馆等，为用户提供便捷的线上线下服务，助力科技创新。随着我国文化事业的不断发展，公共图书馆将不断完善和优化服务功能，为公众提供更加丰富、高效、便捷的服务，助力我国文化繁荣和科技进步。

（二）公共图书馆的历史演变

古代公共图书馆的发展经历了漫长的过程。从最早的私人藏书楼到近代的公共图书馆，公共图书馆的发展离不开社会、经济、文化等多方面的因素。在古代，藏书楼是私人收藏图书的地方，通常由富有的家庭或个人建立。这些藏书楼不仅收藏了大量的图书，还为学者、文人提供了学习和研究的场所。随着时间的推移，藏书楼的规模和数量不断增加，逐渐形成了私人藏书文化。然而，随着社会的发展，人们对知识的需求不断增加，私人藏书楼已经无法满足这一需求。于是，公共图书馆开始出现。公共图书馆是由政府或社会组织建立的，旨在向公众开放，提供图书、报刊、资料等阅读服务。公共图书馆的出现，为人们提供了更为广阔的知识获取渠道，也促进了文化的传播和交流。在古代公共图书馆的发展过程中，图书馆学也逐渐形成。图书馆学是一门研究图书馆管理、图书分类、目录编制、读者服务等方面的学科。随着图书馆数量的增加，图书馆学也逐渐发展起来，为图书馆的管理和运作提供了科学的理论和方法。

现代公共图书馆是伴随着社会的进步和人们对知识的需求而发展起来的。在过去的几十年里，公共图书馆成为人们获取知识、学习和研究的重要场所。现代公共图书馆的兴起可以追溯到 19 世纪末 20 世纪初的欧洲。当时，随着工业革命的进行、社会经济的发展和人们对教育的需求不断增加，公共图书馆应运而生。公共图书馆的兴起与社会的发展密切相关。随着教育的普及和人们对知识的渴求，公共图书馆成为人们获取知识的重要途径。图书馆里丰富的藏书和安静的学习环境为人们提供了学习的便利条件。同时，公共图书馆还担当着传播文化和普及知识的角色，为人们提供了了解世界、拓宽视野的机会。公共图书馆的兴起也与政府的支持密不可分。许多政府都意识到了公共图书馆对于社会的重要性，并给予了大力支持。他们投资建设图书馆设施，购买图书和资料，提供免费或低成本的服务，使公共图书馆成为人们可以随时随地获取知识的场所。现代公共图书馆的兴起改变了人们的生活方式和学习方式。人们可以通过图书馆获取到各种各样的图书和资料，满足了他们的阅读和学习需求。图书馆还提供了各种服务，如借阅服务、阅读推荐、学习辅导等，为人们提供了更多的资源和学习机会。现代公共图书馆的兴起是社会进步和人们需求发展的必然结果。公共图书馆成为人们获取知识、学习和研究的重要场所，为社会的进步和的发展做出了重要贡献。

数字化技术的快速发展，改变了人们的生活方式和信息获取习惯，也对图书馆的服务模式提出了新的要求。公共图书馆正积极应对这一挑战，加强数字化建设，为读者提供更加便捷、高效的服务。数字化发展使公共图书馆的资源更加广泛和丰富。传统上，图书馆的资源主要集中在纸质图书上，读者只能在馆内借阅和阅读。而数字化的出现，使得图书馆的资源不再受到空间和时间的限制。通过数字化技术，图书馆可以将纸质图书转化为电子文档，并通过网络让读者远程访问。这不仅扩大了图书馆的资源范围，也让读者能够在不受地域和时间限制的情况下，随时随地获取所需的知识和信息。数字化发展提升了图书馆的服务质量和效率。传统图书馆的借还过程需要人工操作，费时费力。而通过数字化技术，图书馆可以实现自助借还，读者只需刷卡、输入图书编号，便可完成借还操作。这不仅简化了借还流程，也提高了操作效率，让读者更快捷地借阅所需图书。同时，通过数字化技术，图书馆可以建立起强大的数据库系统，实现图书的自动分类和检索。读者在查找图书时，只需输入相关关键词，系统便能快速准确地找到所需图书的位置，大大缩短了读者查找图书的时间。传统图书馆的服务主要以纸质图书为核心，而数字化技术的发展为图书馆提供了更多创新的服务方式。图书馆可以通过数字化技术实现图书、音视频、电子期刊等多媒体资源的整合，构建起全方位的知识服务平台。同时，数字化技术还使图书馆的服务与智能设备紧密结合，读者可以通过手机、平板等电子设备随时随地获取图书馆的服务。例如，图书馆可以提供在线阅读平台，读者可以在手机上直接浏览和阅读电子图书，方便快捷。

（三）公共图书馆的社会作用

公共图书馆作为社会教育的重要组成部分，为公众提供了丰富的学习资源和优质的服务，为教育做出了积极的贡献。公共图书馆拥有大量的图书、报刊、音像资料等，为读者提供了广阔的知识视野。无论是专业领域的图书，还是人文社科类的读物，公共图书馆都能满足读者的需求。此外，公共图书馆还定期举办各种讲座、展览等活动，为读者提供了多元化的学习机会。公共图书馆的开放性和公益性，使更多的人能够享受到优质的教育资源。无论是学生还是成年人，都可以在公共图书馆中找到适合自己的学习资料，而且无需支付额外的费用。这种公益性的服务，使得公共图书馆成为一个重要的教育平台。此外，公共图书馆还为读者提供了良好的学习环境。宽敞明亮的阅览室、舒适的座椅、免费的无线网络等，都为读者提供了良好的学习环境。同时，公共图书馆还提供了一些现代化的技术，如数字图书馆、在线阅读等，使得读者能够更加便捷地获取信息。

公共图书馆作为文化传承的重要载体，发挥着不可替代的作用。公共图书馆为广大读者提供了丰富多样的图书资源，为他们从各个角度深入了解和学习文化知识提供了便利。无论是经典文学作品，还是科学、历史、哲学等领域的专业著作，都能在图书馆的藏书中找到。这些图书不仅使读者得以拓宽自己的知识面，还有助于他们感受不同文化的魅力，并且通过阅读不同时代的作品，读者能够更好地感受到传统文化的沉淀与发展。读者可以在这里与其他志同道合的人面对面交流，分享彼此的阅读体验，互相启迪和学习。读者能够深入了解文化传承的重要性和方法，从而更好地把握如何将文化传承下去，为社会进步贡献自己的力量。在当今社会这个信息爆炸的时代，人们容易迷失在琳琅满目的信息中。然而，公共图书馆通过挑选优质的书籍，为读者提供了高质量的阅读资源，引导他们形成良好的阅读习惯。通过不断的阅读，读者可以提高自己的语言表达能力、思维逻辑能力以及批判性思维能力，培养自己独立思考的能力，获得自主学习的能力。在图书馆工作人员孜孜不倦的努力下，很多珍贵的文化资料得以保存和传承。这些包括历代文人墨客的手稿、世界各地的风土人情、乡土文化等。公共图书馆作为文化传承的守护者和传递者，通过不断充实馆藏、整理文献、推出相关研究成果，保护和传承着宝贵的文化遗产。

公共图书馆提供了免费的知识和信息资源，社区居民可以随时随地获取所需的图书和资料。这不仅能够满足社区居民的需求，也为他们进一步学习和自我发展提供了便利。它不仅是个人学习的场所，也是社区举办各种教育活动的场所。例如，图书馆组织的读书俱乐部、讲座和研讨会等活动，为社区居民提供了一个互相交流和学习的平台。通过这些活动，人们不仅能够增长知识，还能够结识新朋友、拓宽视野、提高自己的社会参与能力。公共图书馆还拥有丰富的文化资源，如艺术作品、音乐、电影等。这些资源为社区居民提供了良好的休闲娱乐场所。人们可以在图书馆内欣赏经典的艺术作品，观看电影或音乐会，丰富自己的精神文化生活。这不仅能够缓解工作和学习的压力，也能够提高社区居民的生活品质。另外，公共图书馆可以提供关于社会保障、就业、健康等方面的信息，帮助社区居民解决生活中的各种问题。在信息时代，公共图书馆作为信息资源中心，能够帮助社区居民更好地适应和利用现代科技，提升他们自我发展和生活管理的能力。公共图书馆在社区发展中发挥着不可替代的作用。无论是知识的传播还是社会的交流，公共图书馆都是社区居民获取信息和提升自我的重要平台和资源。

（四）公共图书馆的现代化发展

技术与公共图书馆的融合，无疑为图书馆的发展注入了新的活力。在当今这个信息化时代，技术已经成为推动图书馆事业进步的重要力量。从数字图书馆的建设到智慧图书馆的探索，技术正在改变图书馆的服务方式、管理模式以及读者体验。通过数字化处理，图书馆的资源得以海量扩充，用户可以在线访问、检索、阅读大量的数字资源，不受时间和地点的限制。同时，数字图书馆还可以实现远程教育、在线讲座等特色服务，满足读者多样化的需求。通过引入智能系统，图书馆可以实现自助借还、智能推荐、语音助手等功能，为读者提供更为便捷的服务体验。此外，智慧图书馆还可以运用大数据、云计算等技术进行读者行为分析，优化图书馆的资源配置，提高服务效能。图书馆可以通过信息化手段，实现文献资源的数字化、网络化和智能化管理，提高图书馆工作效率。同时，技术的应用还可以降低图书馆的运营成本，减轻工作人员的负担，让他们更多地投入读者服务中。此外，公共图书馆还可以借助技术手段，开展丰富多彩的线上线下活动，如数字展览、网络研讨会、读书俱乐部等，激发读者的阅读兴趣，提升图书馆的社会影响力。

公共图书馆的服务创新旨在更好地满足读者需求，提高服务质量，发挥图书馆在社会发展中的重要作用。在智慧时代背景下，公共图书馆通过物联网、大数据、5G 网络等技术的支撑，构建现代化读者服务模式。例如，一些图书馆开始运用大数据技术分析读者的阅读习惯，从而推荐符合读者兴趣的图书；利用物联网技术实现自助借还书、智能导航等功能，为读者提供便捷的阅读体验。此外，公共图书馆还积极开展线上服务，如电子图书、线上讲座、虚拟展览等，使读者能够在任何时候、任何地点享受到图书馆的服务。另一方面，公共图书馆在创新服务体系中，注重发挥读者的主体地位，举办各类互动活动，既丰富了读者的精神生活，又促进了读者之间的交流与分享。此外，图书馆还针对不同读者群体，提供个性化服务。例如，针对儿童读者，图书馆举办故事会、亲子阅读等活动，培养儿童的阅读兴趣；针对老年读者，图书馆提供养生、保健等方面的图书和讲座，满足老年人的需求。在我国，公共图书馆的服务创新还体现在加强与各类机构的合作，拓展服务领域。例如，图书馆与学校、企业等机构开展合作，共同举办活动，推动阅读推广、文化交流等工作。此外，图书馆还积极利用社会资源，如捐赠、志愿者服务等，提高服务质量，扩大服务范围。公共图书馆的服务创新是为了适应社会发展的需求，更好地服务读者。公共图书馆将继续致力于服务创新，为读者提供更加丰富、高效、便捷的服务。

　　在新时代背景下，公共图书馆的资源管理与维护显得尤为重要。公共图书馆应加大资源建设的投入，注重图书资源的数量与质量。不仅要采购最新的图书、期刊、报纸等传统资源，还要积极融入现代化技术，为读者提供丰富多样的阅读体验。公共图书馆应加强图书资源的分类、编目、检索等工作，提高图书资源的利用率。通过科学的管理体系，确保图书资源的有序存放，方便读者快速、准确地找到所需资料。同时，公共图书馆还应定期对图书资源进行清点、剔除，确保图书馆藏的新颖性和实用性。此外，公共图书馆还需重视图书资源的维护与保护。图书馆应制定完善的图书资源保护措施，加强对图书的防尘、防潮、防盗、防火等工作，确保图书资源的安全。同时，公共图书馆还应加强对读者的教育，提高读者的图书爱护意识，减少图书资源的损耗。公共图书馆应不断创新服务方式，提高图书资源的服务质量。图书馆可以通过举办各类讲座、培训、展览等活动，吸引更多读者走进图书馆，充分利用图书资源。此外，公共图书馆还可以通过加强与社区、学校、企业等合作，拓宽服务领域，将图书资源送到读者手中。

二、阅读推广的重要性

（一）阅读对个人发展的影响

阅读对知识储备有着至关重要的影响。阅读能够为我们的大脑提供丰富的养分，使我们不断充实自己的知识库，为未来的学习和工作做好准备。书籍是知识的宝库，每一本书都包含着作者对某个领域深入的见解和独到的观点。通过阅读，我们可以接触到各种各样的知识，包括历史、文化、科学、艺术等各个领域。这不仅有助于我们拓宽视野，还能帮助我们在学习和工作中更加得心应手。随着时间的推移，我们的知识储备可能会逐渐老化或过时。而阅读则是一种不断更新和巩固知识的好方法。通过阅读新的图书、文章和资料，我们可以获取最新的信息、技术和观点，从而保持自己的知识体系与时代同步。在阅读过程中，我们需要主动思考、分析和评价作者的观点和论证。这种自主学习的方式有助于我们培养独立思考的能力，使我们能够更好地应对各种复杂的情况和问题。通过阅读，我们可以快速获取所需的知识和信息，从而节省时间和精力。同时，阅读还可以帮助我们形成良好的学习习惯和方法，提高我们的学习效率和质量。

阅读对语言表达能力的影响是非常显著的。阅读可以提高词汇量。通过阅读，人们可以接触到各种各样的词汇，从而扩大自己的词汇量。这样当我们想要表达某个特定的意思时，就可以有更多的词汇选择，从而使我们的表达更加准确、丰富。而且，拥有丰富的词汇量也可以让我们更加轻松地理解和解读他人的言辞。在阅读过程中，我们会接触到各种各样的句子结构和语法规则，这有助于我们更好地理解和运用这些规则。阅读不仅可以帮助我们正确定位和理解句子的意思，还可以让我们感受到各种不同的语法结构和篇章连接方式。这样我们就能够在自己的表达中更加准确地运用这些语法知识，使我们的语言更加规范。通过阅读各种不同的文章和文字，我们可以培养自己的阅读理解能力。阅读可以带给我们各种各样的信息和观点，让我们对不同领域的知识有更全面的了解。这种开阔的视野可以让我们在表达自己的观点时更加有说服力和权威性。通过大量阅读，我们可以学习到各种不同的写作风格和技巧。我们可以学到如何组织思路、如何引导读者、如何运用修辞手法等。这些能力可以让我们的写作更加流畅、有逻辑性和富有表现力。阅读对语言表达能力的影响是非常重大的。它可以提高词汇量、改善语法水平、培养阅读理解能力、提升写作能力。因此，我们应该在日常生活中多阅读，注重培养自己的语言素养，从而提高自己的语言表达能力。

阅读对思维能力的培养是非常重要的。通过阅读，我们可以接触到各种各样的知识，拓宽我们的视野，丰富我们的思维，增强我们的理解能力和分析能力。阅读可以让我们深入了解不同的观点和思想，使我们能够从不同的角度看待问题，从而提高我们的思考能力。在阅读的过程中，我们需要不断思考、分析和判断，通过不断实践，我们的思维能力会得到提高。阅读不仅可以增强思维能力，还可以培养我们的情感智商。情感智商是指我们控制情绪、自我激励、认知他人情绪和表达自己情感的能力。通过阅读，我们可以了解不同的情感体验和情绪表达方式，学习如何更好地与他人沟通和交流。阅读还可以提高我们的文化素养和人文精神。通过阅读经典文学作品、历史文献和哲学著作等，我们可以了解不同文化背景下的思想和价值观，培养我们的文化意识和人文素养。这种素养对于我们的职业发展有着重要的作用。通过阅读，我们可以增强理解能力、提高情感智商、培养文化素养和人文精神。因此，我们应该养成良好的阅读习惯，不断丰富自己的知识和思维，从而更好地应对未来的挑战。

（二）阅读推广在社会教育中的作用

随着社会的进步和教育改革的推动，素质教育在我国的教育体系中日益受到重视。素质教育的目标是培养学生全面发展的能力和综合素质，而阅读推广则被认为是实现素质教育的重要途径之一。阅读是人类获取知识、增长见识和提高修养的重要途径，通过阅读，学生可以开阔视野，拓展思路，培养自主学习和思考的能力。而阅读推广则致力于为学生搭建阅读的平台，提供丰富优质的阅读资源，引导学生养成良好的阅读习惯。以提高学生读书兴趣为目标，通过开展形式多样的阅读活动，鼓励学生自愿参与阅读。图书馆可以举办书展、读书分享会、阅读比赛等活动，营造浓厚的阅读氛围，激发学生的阅读兴趣和阅读欲望。同时，图书馆也要充实馆藏，及时引进各类优秀图书，满足学生的阅读需求。除了传统的纸质图书外，电子阅读也应成为阅读推广的重要方式。图书馆可以建设电子图书馆，提供电子图书资源，让学生可以随时随地进行阅读，比如，利用互联网技术，打造多媒体的阅读平台，丰富阅读形式，吸引学生的注意力和兴趣。阅读推广不仅局限于图书馆的范围，也需要家庭和社会的共同努力。家长要发挥模范引领作用，为孩子树立良好的阅读榜样，陪伴孩子一起读书。社会各界也要为阅读推广提供支持，如设立文化基金，资助贫困学生购买图书，鼓励出版社推出适合青少年阅读的图书。

阅读推广在职业发展中起着至关重要的作用。读书可以让人获取知识、提高思维能力、开阔视野，从而在职业生涯中获得更多的机会与成就。阅读不仅仅是一种娱乐活动，更是一种工具，可以帮助我们不断学习、成长和进步。阅读推广可以帮助我们获取更多的知识。无论是哪个行业，知识都是非常宝贵的资源。通过阅读，我们可以接触到各种各样的图书，涉及各个领域的知识。这些知识可以帮助我们了解世界，掌握新的技能，提高工作效率。在一个信息爆炸的时代，只有不断学习与积累，才能在职业发展中不断前进。阅读推广可以提高我们各种思维能力。阅读过程中，我们需要理解、分析和思考，这些都是非常重要的思维能力。通过读书，我们可以培养逻辑思维、批判思维、创新思维等各种思维方式。这些思维方式对于解决问题、创新工作流程、应对挑战都有着重要的作用。在职业生涯中，我们需要不断面对各种问题和挑战，具备良好的思维能力可以帮助我们更好地解决问题。此外，阅读推广还可以帮助我们开阔视野。通过阅读，我们可以了解各种各样的人生经历，看到不同行业的发展趋势，领略到世界各地的风土人情。这些开阔了我们的视野，让我们能够更好地适应职业生涯中的变化和挑战。一个有广阔视野的人，能够更好地适应多元化的工作环境，有更广阔的思路和更具创造力。

阅读推广是促进社会和谐发展的重要手段之一。通过阅读，人们可以获取更多的知识、开阔视野、提高自己的综合素质。这样，人们就能够更好地理解彼此，更好地处理人际关系，从而促进人际关系的和谐。通过阅读，人们可以了解不同的文化背景、价值观和生活方式，从而更好地理解他人，减少误解和冲突。同时，阅读还可以增强人们的沟通能力和表达能力，使人们能够更好地表达自己的思想和情感，从而促进人际关系的和谐。通过共同参与阅读活动，人们还可以增强彼此之间的联系和互动，加深彼此之间的了解和信任。这样，人们就能够更好地合作、互相帮助和支持，从而增强社会的凝聚力和向心力。阅读推广不仅能够提高人们的文化素质，还能促进人际关系的和谐，增强社会的凝聚力和向心力。因此，我们应该积极推广阅读，让更多的人参与到阅读中来，共同促进社会的和谐发展。

（三）阅读与现代社会的关系

随着互联网和数字技术的飞速发展，我们已经进入了信息时代。在这个时代，阅读方式发生了翻天覆地的变化，面临着诸多挑战与机遇。在互联网的普及下，人们可以轻松地获取信息，这使得人们在阅读过程中面临着选择困难症。过多的信息不仅会导致人们无法有效地筛选有价值的内容，还会使阅读目标模糊，从而降低阅读效果。此外，信息的更新速度越来越快，人们需要不断地学习新知识以适应这个快速变化的时代，这无疑给阅读带来了压力。如今越来越多的年轻人倾向于使用电子设备进行阅读。这种阅读方式虽然方便快捷，但长时间盯着屏幕容易导致眼睛疲劳，甚至引发视力问题。此外，数字阅读往往使人们更容易受到干扰，阅读专注力下降。这对于需要深入思考和理解的阅读材料来说，无疑是一个巨大的挑战。然而，在这个信息时代，阅读也面临着前所未有的机遇。网络阅读使人们可以随时随地获取各种类型的阅读材料，大大提高了阅读的便利性。此外，互联网上的社交平台和阅读应用也为人们提供了分享阅读心得、交流思想的机会，这有助于提高人们的阅读兴趣。更重要的是，数字技术的发展使得个性化阅读成为可能。通过大数据分析和人工智能技术，人们可以根据自己的兴趣和需求选择合适的阅读内容，提高阅读的针对性和效果。信息时代也为阅读教育带来了新的机遇。网络教学、在线课程等新兴教育方式的出现，使得阅读教育不再局限于传统的课堂。学生们可以在网络平台接触到更多的优质教育资源，提高阅读能力。同时，数字化阅读工具的出现也为阅读教育提供了强大的支持。例如，电子词典、在线翻译等工具可以帮助学生更好地理解阅读材料，提高阅读效果。

数字化阅读为阅读推广提供了新的平台和渠道。随着互联网、智能手机等设备的普及，人们可以随时随地通过各种智能设备获取文字信息。这种便捷的阅读方式极大地满足了人们多样化的阅读需求，也让阅读推广工作得以拓展到更多的人群。此外，一些新媒体平台，如微信、微博等，也为阅读推广提供了传播途径，使阅读推广内容能够迅速传播，触及更多的潜在读者。在数字化时代，阅读推广不再受限于传统纸质图书的种类和数量，可以通过电子书、音频、视频等多种形式为读者提供更加丰富、多元的内容。与此同时，借助大数据、人工智能等技术，我们可以对读者的阅读行为进行分析，精准地推送符合他们兴趣和需求的阅读材料，从而提高阅读推广的针对性和实效性。人们获取信息的渠道更加广泛，但同时也面临着信息过载、阅读质量参差不齐等问题。因此，阅读推广工作需要引导人们在数字化阅读中保持理性，学会筛选优质、权威的信息资源，培养良好的阅读习惯和批判性思维。此外，通过线上线下的阅读活动，也可以激发人们的阅读兴趣，提高他们的阅读素养。阅读是传承文明、促进社会进步的重要手段。在数字化时代，阅读推广可以充分发挥作用，让更多人认识到阅读的重要性，从而形成全社会共同参与阅读的良好氛围。此外，数字化阅读还可以跨越地域、时间的限制，促进不同文化之间的交流与融合，为推动世界文化的繁荣发展做出贡献。

社交媒体的普及使得信息的传播速度变得极其迅速，人们可以通过各种平台获取到大量的阅读资源。这为阅读推广提供了更广阔的舞台，也让更多的人有机会接触到优秀的阅读材料。同时，社交媒体也改变了人们的阅读习惯。人们越来越倾向于在碎片化的时间内通过手机、平板等移动设备阅读，这使得阅读的形式和内容都发生了变化。因此，阅读推广需要紧跟时代的步伐，利用社交媒体平台，以更符合现代人阅读习惯的方式进行推广。面对社交媒体时代的挑战，阅读推广需要创新形式和内容。一方面，阅读推广可以借助社交媒体平台，举办各种在线阅读活动，让读者在虚拟空间进行交流和分享。另一方面，阅读推广还可以通过社交媒体进行个性化推荐，根据读者的兴趣和需求，为他们量身定制阅读内容。这种个性化的阅读推广方式能够更好地满足现代读者的需求，提高他们的阅读体验。此外，社交媒体时代的阅读推广还需要注重互动和参与。在社交媒体平台上，读者不仅可以获取信息，还可以发表自己的观点和评论，与其他读者进行互动。因此，阅读推广活动应该鼓励读者参与其中，让他们成为推广的主体。例如，可以举办有奖问答、读书笔记分享等活动，激发读者的积极性和参与度。在社交媒体上，信息传播的速度和范围远远超过传统媒体。因此，阅读推广活动应该注重打造影响力，通过吸引更多的关注和分享，让优秀的阅读资源得到更广泛的传播。可以通过邀请知名作家、专家参与活动，或者与有影响力的媒体合作，提高阅读推广的知名度。

三、公共图书馆阅读推广策略的概述

公共图书馆阅读推广的首要任务就是提升读者的阅读意识。图书馆可以通过举办各类阅读活动，吸引更多的读者走进图书馆，体验阅读的乐趣。此外，图书馆还可以通过与学校、社区等机构合作，将阅读推广活动延伸到更多的角落，让更多的人意识到阅读的重要性。提升读者的阅读能力则是公共图书馆阅读推广的另一个重要任务。图书馆可以通过提供各类阅读资源，满足不同读者的需求。此外，图书馆还可以通过举办阅读培训课程，如阅读技巧培训、亲子阅读指导等，帮助读者提升阅读能力，更好地理解和消化所阅读的内容。为了实现上述目标，公共图书馆需要不断创新阅读推广策略。例如，图书馆可以利用新媒体平台，发布阅读推荐、阅读技巧等信息，吸引更多年轻读者的关注。同时，图书馆还可以通过与出版社、作家等合作，举办线上线下阅读活动，提升读者的阅读兴趣。公共图书馆阅读推广策略旨在提升读者的阅读意识和能力。通过不断创新阅读推广方式，图书馆可以更好地发挥其社会功能，为读者提供更加丰富多样的阅读体验。公共图书馆将继续致力于阅读推广，为建设学习型社会、提升国民素质做出更大的贡献。

公共图书馆需要不断改进自身的服务，设置更加便利和舒适的阅读环境，吸引更多的读者，如提供舒适的座椅、静谧的阅读区域等。同时，公共图书馆也提供了更丰富多样的图书和资料，满足不同读者的需求。无论是文化经典、学术专题，还是流行热门，公共图书馆都竭力满足读者的多样化需求，以使更多的人愿意进入图书馆阅读、学习和探索。公共图书馆通过开展各种针对性的活动，吸引更广泛的群众。他们举办读书俱乐部、讲座、展览等，使读者们能够在阅读与交流中获得乐趣和启发。公共图书馆也经常邀请知名作家和学者进行讲座和演讲，激发大众对文学和知识的兴趣。这些活动不仅使图书馆成为一个文化交流的场所，也让更多人对阅读产生兴趣，进而扩大了图书馆的阅读群体和受众范围。公共图书馆还利用互联网技术，使阅读资源打破空间和时间的限制，为更广大的读者提供服务。通过数字化图书馆的建设，公共图书馆将优质的图书和参考资料通过网络传输到读者的电脑、手机等终端设备上，方便读者随时随地进行阅读。此外，公共图书馆还将自身的资源与其他机构进行共享，与学校图书馆、企业图书馆等联动，让更多的读者能够享受到丰富的阅读资源。公共图书馆在扩大阅读群体和受众范围方面，还需要加强社会宣传和推广。他们可以通过各种媒体平台和社交媒体传播图书馆的活动信息和阅读推荐，吸引更多人参与到阅读中来。同时，公共图书馆还可以与学校、社区等建立更紧密的合作关系，开展教育活动，培养和引导更多的年轻人热爱阅读。

通过前往图书馆借阅书籍，人们可以接触到各种各样的知识和观点，从而拓宽他们的视野。在图书馆中，特别是安静的阅览区域，人们可以专心地阅读和学习。这样的环境有助于人们集中注意力，提高学习效率。此外，图书馆还为人们提供了一系列的学习资源，如参考书、期刊和数据库等。这些资源可以帮助人们更深入地研究各种主题，培养他们的学术兴趣。通过阅读各种不同类型的书籍，能够开拓人们的思维，培养他们的阅读兴趣。在各个领域，公共图书馆都能提供丰富的资源，满足人们的阅读需求。在阅读过程中，人们可以不断探索自己的兴趣领域，并逐渐形成自己的阅读爱好。另外，公共图书馆还定期举办各种推广阅读的活动，以吸引更多的人走进图书馆。这些活动不仅能够增加人们对图书馆的兴趣，还能提供一个交流和学习的平台，让人们互相分享阅读心得和发现。公共图书馆的工作人员也起着重要的作用。他们不仅是阅读资源的守护者，还是读者与知识之间的桥梁。他们可以根据读者的需求和兴趣推荐适合的书刊，并为读者提供阅读指导和解答疑惑。这些服务不仅帮助了人们更好地利用图书馆资源，而且也增进了与读者之间的互动和交流。

第二章

公共图书馆传统阅读推广策略分析

一、传统阅读推广概述

传统阅读推广的定义是指通过各种方式向公众推广阅读活动，促进阅读文化的传播和发展。它通常包括组织各种形式的阅读活动，如读书会、讲座、读书俱乐部等，以及推广阅读材料，如图书、杂志、报纸等。传统阅读推广的主要目的是激发人们的阅读兴趣，提高阅读水平，促进知识积累，提升个人素质和社会文明程度。阅读是人类文化传承的重要途径，也是人们获取知识、开阔眼界、丰富精神生活的重要手段。随着现代社会的发展，传统阅读方式也面临着一些挑战和变革。但是，阅读仍然是我们获取知识、拓展思维、提升自我、服务社会的重要手段。因此，传统阅读推广在当今社会仍然具有重要意义。传统阅读推广的方式和手段多种多样，其中一些成功的案例值得借鉴和推广。例如，一些图书馆、书店、出版社等机构通过举办各种形式的读书会、讲座等活动，吸引更多的读者参与其中，从而激发他们的阅读兴趣。此外，一些媒体机构也通过推广优秀的文学作品、经典名著等方式，鼓励人们多读书、读好书，从而促进文化传承和发展。传统阅读推广是一种非常重要的文化传播方式，它对于推动文化传承和发展、促进知识积累和社会文明进步具有重要意义。我们应该积极倡导和开展传统阅读推广活动，让更多的人参与到阅读中来，从而更好地享受阅读的乐趣和益处。

传统阅读推广的目标是提高公众的阅读兴趣和阅读能力，培养阅读习惯，推广优秀的阅读材料以及提供阅读指导和资源支持。传统阅读推广的目标之一是提高公众的阅读兴趣。阅读是一项愉悦的活动，可以带给人们乐趣和享受。通过推广阅读，可以让更多的人体验到阅读的乐趣，从而提高他们的阅读兴趣。此外，通过推广阅读，还可以帮助人们发现适合自己的阅读材料，进一步增加他们的阅读兴趣。传统阅读推广的目标之二是提高公众的阅读能力。阅读能力是人们获取知识和信息的重要手段，也是人们提高自身素质和能力的重要途径。通过推广阅读，可以提高公众的阅读能力，帮助他们更好地理解和把握阅读材料的内容和意义。此外，通过推广阅读，还可以帮助人们提高阅读速度和阅读效率，进一步提高他们的阅读能力。传统阅读推广的目标之三是培养阅读习惯。阅读习惯是人们长期阅读形成的，对于人们的阅读能力的提高具有重要意义。通过推广阅读，可以帮助人们形成良好的阅读习惯，从而使他们长期保持阅读的热情和动力。此外，通过推广阅读，还可以帮助人们建立阅读计划和目标，进一步培养他们的阅读习惯。传统阅读推广的目标之四是推广优秀的阅读材料。优秀的阅读材料可以帮助人们获取正确的知识和信息，提高他们的思维能力和文化素养。通过推广阅读，可以介绍和推广优秀的阅读材料，人们能更好地了解世界和自我，提高他们的思维能力和文化素养。此外，通过推广阅读，还可以鼓励人们创作和出版优秀的阅读材料，进一步丰富人们的阅读资源。传统阅读推广的目标之五是提供阅读指导和资源支持。阅读指导可以帮助人们选择适合自己的阅读材料，提高他们的阅读效果和阅读体验。通过推广阅读，可以提供阅读指导和资源支持，帮助人们解决阅读中的问题和困难。此外，通过推广阅读，还可以建立阅读社区和交流平台，让人们分享阅读的心得和经验，进一步推动阅读的推广和发展。

传统阅读推广的重要性不容忽视。在科技高度发达的今天，人们越来越习惯于通过电子书、网上阅读等方式获取信息和享受阅读的乐趣。然而，传统阅读形式的推广依然是必要的，因为它具有独特的魅力和价值。当今社会，人们沉迷于电子设备，不断接收来自社交媒体、游戏等的信息刺激，大多数人已经失去了长时间专注阅读的能力。而传统阅读推广，例如组织读书俱乐部、办公室图书馆等，能够提供一个安静、舒适的环境，让人们能够真正地享受到阅读的愉悦和深度思考的体验，重新培养阅读习惯。电子媒体的特点是碎片化和快速性，很难维持高度集中注意力。而传统阅读则需要读者有一定的逻辑思维和阅读理解能力，因为它更加注重文字的表达和文章的组织。通过传统阅读推广，人们可以锻炼这些能力，提升自己的思维水平和阅读理解能力，使自己成为一个更加有见识和理性的读者。传统的纸质图书不仅提供了丰富的知识，还承载着作者的思想和情感。通过阅读经典文学作品、历史图书、哲学著作等，人们可以汲取到深厚的文化底蕴，提升自己的综合素质。而电子书等形式虽然方便，但往往只追求速度和效率，忽略了对作品的深入思考和理解，有可能使人们思维变得单一和平庸。当人们在读一本好书时，他们会愿意与他人分享自己的感受和思考。组织读书会、主题图书馆等传统阅读推广形式为人们提供了交流的平台，使人们可以结识志同道合的朋友，并与他们进行思想的碰撞与交流。这样的交流和互动有助于拓宽人们的思维广度，增加人际关系的丰富性。传统阅读推广的重要性体现在多个方面。它能够培养人们的阅读习惯，提升人们的思维水平和阅读理解能力，丰富人们的知识和文化素养，促进人们之间的交流和社会联系。因此，为了使更多的人受益于阅读，我们应该坚持传统阅读形式的推广，让阅读成为人们生活中不可或缺的一部分。

二、传统阅读推广的不足

（一）读者兴趣不足

传统的阅读推广往往以传统的方式进行，无法吸引到更多的读者参与，缺乏新意和创新元素。这种缺乏创新的阅读活动设计已经无法满足现代社会读者的需求和兴趣。首先，缺乏创新的阅读活动设计往往导致推广效果不佳。过去的阅读活动只是简单的朗读、讲故事和绘本展览，缺乏互动和多样性，无法激发读者的兴趣和参与度。这种传统模式已经无法满足读者对多样化体验的需求，使得阅读推广失去了吸引力和影响力。其次，缺乏创新的阅读活动设计无法适应多样化的阅读环境。现代社会的阅读环境已经发生了巨大的变化，电子书、数字阅读等新技术的出现，使得读者可以更加便捷地获取和阅读图书。然而，传统的阅读推广往往停留在纸质媒介的领域，无法满足读者对多样化阅读方式的需求。面对现代的多元化的阅读环境，传统的阅读推广已经显得相对落后。最后，缺乏创新的阅读活动设计不能充分发挥互联网和社交媒体的优势。现在，互联网和社交媒体已经成为人们获取信息和交流的主要渠道，然而，传统的阅读推广往往没有充分利用这些平台。缺乏创新的阅读活动设计没有将互联网和社交媒体的影响力引入到阅读推广中，使得推广效果大打折扣。为了吸引更多的读者参与，提高阅读推广的效果和影响力，必须进行创新的阅读活动设计，注重多样性、互动性和适应多元化阅读环境的能力。同时，充分利用互联网和社交媒体的优势，将其纳入阅读推广的范畴中，以提升推广的效果和影响力。只有在创新的基础上，阅读推广才能在现代社会发挥更大的作用。

传统阅读推广活动在我国已经开展了一段时间，但在实践中也暴露出了一些不足。首先，缺乏创新的阅读活动设计是一个重要的问题。过去，阅读推广活动往往依赖于传统的阅读方式和组织形式，如读书俱乐部、讲座和展览等。虽然这些活动能够在一定程度上吸引读者，但从长远来看，由于缺乏创新，难以持续激发读者，尤其是大学生的兴趣和参与热情。在数字时代背景下，大学生的阅读特点和需求发生了很大变化。相较于传统阅读，他们更倾向于使用电子设备进行阅读，追求便捷、高效的信息获取方式。然而，传统的阅读推广活动往往无法满足这一需求。一方面，活动组织者尚未充分认识到数字阅读的重要性，对新兴阅读方式的关注度不够；另一方面，即使在活动中引入了数字阅读元素，也往往缺乏深入挖掘和充分利用，导致活动效果不尽如人意。此外，由于缺乏创新，传统阅读推广活动难以有效融入大学生的日常生活。在很多高校，阅读活动与学生的学习、娱乐等其他活动脱节，难以形成良好的互动和融合。这使得阅读推广活动难以发挥出应有的作用，影响了大学生阅读习惯的培养和阅读素养的提升。为了弥补这些不足，我们需要在阅读推广活动中注入更多创新元素。首先，可以充分利用现代科技，如数字化、网络化等，丰富阅读活动的形式和内容。例如，组织线上读书会、创建电子阅读空间等，以适应大学生数字阅读的需求。其次，要关注大学生自身的兴趣和需求，推出更具个性化和针对性的阅读活动。例如，可以根据不同专业、兴趣爱好等设立主题阅读活动，激发大学生的阅读兴趣。最后，要加强与大学生日常生活的融合，将阅读活动与大学生的学习、娱乐等其他活动相结合，形成良好的互动氛围。

在当今社会，随着科技的飞速发展和互联网的普及，人们的阅读方式发生了很大的变化。传统的阅读推广方式面临着一些挑战，尤其是在吸引进入社会的大部分年轻读者方面存在明显的不足。年轻人的生活方式和价值观与老一辈有所不同，他们对阅读的内容和形式有了更多的选择和更高的要求。然而，很多传统的阅读推广活动并没有充分考虑到这些因素，导致年轻读者对这类活动缺乏兴趣。传统的阅读推广活动主要包括读书会、讲座等，这些活动形式往往较为传统，缺乏创新和互动性。而在当今信息爆炸的时代，年轻读者更倾向于通过互联网、社交媒体等渠道获取信息和娱乐，对传统的阅读推广方式表现出一定的排斥。很多阅读推广活动倾向于推广经典文学作品，而这些作品对年轻读者来说可能存在时代背景、语言风格等方面的隔阂。年轻人更倾向于阅读与他们生活经验相近、能够引起共鸣的图书。针对这些问题，要关注年轻读者的需求，了解他们的兴趣和阅读习惯，从而提供更加符合他们口味的阅读内容。另外，我们要充分利用互联网和社交媒体等现代科技，创新阅读推广的形式和方法，让年轻读者更容易接触到阅读资源。最后，我们要注重内容的选择和推荐，推荐一些与年轻读者生活经验相近、能够引起他们共鸣的书籍，让他们在阅读中找到乐趣和收获。

（二）无法满足多样化的读者需求

传统阅读推广在推广过程中存在一些不足之处，其中最明显的问题是缺乏针对不同年龄和兴趣群体的推广活动。首先，对于儿童和青少年来说，他们需要有趣的、寓教于乐的阅读材料来吸引他们的注意力，而这些阅读材料在传统的推广活动中却很少得到关注。这导致了他们对阅读的兴趣降低，阅读习惯的培养受到影响。其次，对于成年人来说，他们更注重实用性强的阅读材料，例如与工作、生活相关的图书，或者是休闲娱乐类图书。传统的阅读推广活动往往忽略了这部分群体的需求，导致他们很难找到适合自己的阅读材料。此外，一些图书馆和书店的推广活动往往只注重书籍的销售和推广，而忽略了其他形式的阅读推广方式。这些活动形式不仅能够吸引更多的人参与，还能让人们更加深入地了解阅读的重要性。因此，为了弥补传统阅读推广的不足，我们需要开展更多的针对不同年龄和兴趣群体的推广活动，包括针对儿童和青少年的、寓教于乐的阅读材料的推广活动，针对成年人的、实用性强的阅读材料的推广活动以及其他多样化的阅读推广方式。只有这样，我们才能更好地培养人们的阅读习惯，提高人们的阅读兴趣，让阅读成为人们生活中不可或缺的一部分。

传统阅读推广在很大程度上依赖于图书馆的资源和服务，但这种方式往往缺乏针对不同阅读喜好的藏书策略。这导致许多读者在寻找适合自己阅读口味和需求的图书时面临困难。首先，图书馆的藏书往往过于宽泛，无法满足所有读者的特定需求。有些读者对特定的主题或类型如科幻、历史、文学等有特殊的兴趣，而图书馆可能无法提供足够丰富的藏书来满足这些需求。这种单一的藏书策略无法为每位读者提供量身定制的阅读体验。其次，许多图书馆提供的推广活动并没有针对读者的个性化需求进行设计。常见的推广活动，如图书推荐、读书会等，虽然对提高阅读兴趣和促进阅读文化有积极作用，但如果缺乏针对性和深度，可能会让读者感到乏味和无聊。最后，传统的阅读推广方式在时间和空间上也有一定的限制。图书馆的开放时间往往与读者的时间安排存在冲突，而空间限制也使得一些偏远地区的读者难以获取图书馆资源。为了解决这些问题，图书馆应该采取更加个性化的藏书策略，以满足不同读者的阅读需求。同时，推广活动的设计也应更具针对性，以提高读者的参与度和满意度。此外，图书馆还可以通过在线平台和移动设备提供 24 小时服务，以打破时间和空间的限制，让更多读者能够方便地获取阅读资源。这些改变将有助于提高阅读推广的效果，促进阅读文化的繁荣发展。

（三）难以有效衡量推广效果

传统阅读推广在推广过程中，常常缺乏客观的统计和评估指标，这是目前面临的最大问题。开展阅读推广活动时，很多活动都是凭借主办方的热情和责任心去组织，对于阅读推广活动的效果没有一个清晰的衡量标准，没有明确的数据支撑。这种缺乏客观性的推广方式不仅使推广活动难以得到科学有效的评估，同时也很难持续改进。我们经常可以看到阅读推广活动的规模和形式都比较单一，而且很多时候都是在书店或者图书馆举办。这种传统的推广方式对于阅读的需求满足比较有限，难以覆盖更广泛的读者群体。此外，很多时候，阅读推广活动只是简单的图书推荐或者读书会，缺乏深度和广度。这样的活动形式很难吸引到更多的读者参与，也无法满足不同年龄段、不同兴趣爱好的读者的需求。很多阅读推广活动由于宣传不到位，导致参与人数有限，无法达到预期的效果。同时，由于缺乏客观的统计和评估指标，我们无法对宣传效果进行科学评估，也就无法根据反馈信息进行改进。

传统阅读推广在推广过程中存在的不足之处，使得读者参与度难以追踪，对反馈信息的获取也较为困难。首先，传统阅读推广方式通常依赖于传统的宣传渠道，如海报、传单、宣传册等。这些宣传方式虽然易于制作和传播，但它们缺乏互动性，无法实时获取读者的反馈信息。此外，传统的宣传方式也无法跟踪读者的参与度，如有多少人浏览了海报、传单或宣传册，有多少人参与了活动等。其次，传统阅读推广方式在活动策划方面也存在问题。传统的活动策划往往注重内容的传播和宣传，而忽略了读者互动环节的设计。这就导致读者参与活动的积极性不高，反馈信息也无法及时获取。同时，传统的活动策划也无法跟踪活动的后续影响，如活动对读者的影响程度、活动的效果如何等。最后，传统阅读推广方式在数据管理方面也存在不足。传统的数据管理方式往往依赖于纸质记录和人工统计，这种方式不仅效率低下，而且容易出错。此外，传统的数据管理也无法对读者的反馈信息进行有效的分析和利用，无法为后续的推广活动提供有价值的参考。传统阅读推广方式在读者参与度追踪、反馈信息获取以及数据管理方面存在诸多不足。为了更好地推广阅读，我们应该探索新的阅读推广方式，如数字化阅读推广、社交媒体推广等，这些新的推广方式不仅可以实时获取读者的反馈信息，还可以提高活动的互动性和参与度，为读者提供更好的阅读体验。

第二章　公共图书馆传统阅读推广策略分析

第三章

公共图书馆阅读推广策略优化的理论基础

一、阅读推广的相关理论

（一）阅读推广的定义与内涵

1.阅读推广的概念界定

阅读推广，这一概念在我国兴起的时间虽然不长，但发展势头却十分迅猛。作为一种重要的文化现象，阅读推广承载着许多深刻的意义和内涵。阅读推广的定义有很多，其基本含义主要是通过开展各种形式的活动，激发人们的阅读兴趣，培养阅读习惯，提高阅读质量，促进阅读成果的分享与传播。具体来说，阅读推广涵盖了推广阅读理念、提高阅读水平、普及阅读知识、引导阅读行为等多个方面。通过倡导全民阅读，营造良好的阅读氛围，可以培养人们的文化素养和阅读能力，促进社会文明的发展。同时，阅读推广还关注弱势群体的阅读权利，旨在消除社会不平等现象，让每一个人都能享受到阅读的乐趣。随着社会的进步和人们生活水平的提高，越来越多的人开始追求阅读的品质和水平。因此，阅读推广应该注重推荐高质量的阅读资源，提供专业的阅读指导和培训，帮助人们提高阅读的品质和水平。此外，阅读推广还应普及阅读知识，传播阅读文化。通过举办各种形式的读书活动和讲座，增强人们的文化自信，促进文化的传承和发展。同时，阅读推广还应引导正确的阅读行为，避免不良的阅读习惯和行为对人们造成负面影响。通过开展各种形式的活动，我们可以更好地激发人们的阅读兴趣，培养良好的阅读习惯，提高阅读的品质和水平，促进社会的文明发展。

2. 阅读推广的目标与意义

阅读推广在我国的发展日益成熟，其目标和意义也在实践中不断显现。阅读推广旨在提高人们的阅读能力，丰富体验，提升全民素质，构建学习型社会。阅读推广的核心目标是提升人们的阅读能力。阅读能力是一个国家公民的基本素养，它直接关系到人们的思维发展、知识积累和文化传承。阅读推广旨在通过培养阅读兴趣、提高阅读技巧、丰富阅读内容，使更多的人具备独立、高效、批判性的阅读能力。阅读推广的另一个目标是丰富阅读体验。阅读不仅是一种获取知识的方式，更是一种生活态度和情感体验。通过阅读推广，人们可以开阔视野，丰富心灵，提升审美情趣，体验不同的人生境界。阅读推广还致力于传承文化。图书是文化的载体，阅读是文化传承的重要途径。通过阅读推广，可以将优秀的传统文化、民族精神传递给人们，激发人们对文化的热爱和传承。

阅读推广对于个人和社会具有重要的意义。首先，阅读可以提升个人的知识水平、思维能力和文化素养。通过阅读，人们可以不断地学习新知识，提高解决问题的能力，培养创新思维。学习型社会是一个全民学习、终身学习的社会。阅读推广通过激发人们的阅读兴趣，培养良好的阅读习惯，推动全民参与学习，为建设学习型社会奠定基础。阅读可以弘扬民族精神，传承优秀文化，增强民族自信心和凝聚力。同时，阅读还可以推动文化创新，促进文化产业发展，为文化繁荣做出贡献。阅读推广在我国具有重要的目标和意义。通过提升人们的阅读能力，丰富阅读体验，传承文化，我们可以构建一个学习型社会，推动我国文化的繁荣和发展。阅读推广是一种文化活动，促进全民阅读更是一种国家战略，承载着中华民族伟大复兴的文化使命。

3.阅读推广的范围与内容

个体阅读推广是指通过个体自我教育、自我觉醒和自我提升，培养优秀的阅读习惯和阅读能力。个体阅读推广的内容包括培养自主阅读的意识、提高阅读速度和理解能力、培养阅读兴趣和养成阅读习惯等。个体阅读推广可以通过读书、参与读书俱乐部、参加读书大赛等途径来实现。

学校是阅读推广的重要场所，学校阅读推广通过开展丰富多样的阅读活动，培养学生的阅读能力和兴趣。学校阅读推广的内容包括开展课外阅读活动、设立阅读角和图书馆、推荐精品阅读书目等。学校阅读推广旨在营造良好的阅读氛围，提高学生的阅读素养。

社区阅读推广是指在社区开展各种形式的阅读活动，促进社区居民的阅读交流和学习。社区阅读推广的内容包括建立社区图书馆、开展读书会、举办阅读活动等。社区阅读推广可以通过为社区居民提供丰富的阅读资源和场所，激发他们的阅读兴趣，加强社区凝聚力和文化氛围。

随着信息技术的发展，数字阅读正日益受到人们的关注。数字阅读推广主要是通过推广电子书、网络阅读、移动阅读等数字化的阅读方式，提供更便捷、多样化的阅读体验。数字阅读推广的内容包括推广数字阅读平台、提供在线阅读资源、开展电子书推荐和评论等。数字阅读推广旨在适应现代人的阅读习惯，推动阅读形式的创新和发展。

（二）阅读推广的目标与原则

1. 阅读推广的主要目标

阅读推广的主要目标应该是激发人们的阅读兴趣，提高他们的阅读能力和阅读素养，培养良好的阅读习惯，从而促进社会的阅读氛围和文化素养的提升。通过各种形式的阅读推广活动，如读书俱乐部、讲座、工作坊等，使更多的人认识到阅读的重要性，了解不同类型的书籍和阅读方式，提高他们的阅读能力，使他们能够更深入地理解和欣赏文学作品。通过各种方式，鼓励公众养成每天阅读的习惯，将阅读融入日常生活，使其成为生活中的一部分。这将有助于提升人们的文化素养和精神生活。社区通过举办各种形式的阅读活动，如定期的读书会、朗诵比赛、写作比赛等，可以增强社区的阅读氛围，使更多的人参与到阅读中来。同时，也可以通过媒体宣传和网络推广等方式，扩大阅读的影响力，使更多的人了解并参与到阅读中来。阅读推广不仅是个人的需求，也是社会整体发展的需要。通过提高公众的阅读素养，可以增强社会的文化氛围，提升公众的综合素质，从而推动社会的进步和发展。

2. 阅读推广的原则和准则

阅读推广的原则和准则是指导阅读推广活动开展的基本规范，它们确保了阅读推广活动的有效性、针对性和可持续性。阅读推广的原则和准则是确保活动顺利进行和取得预期效果的关键。首先，阅读推广应当坚持以人为本的原则，即以受众的需求和兴趣为中心，充分尊重他们的个性和选择。推广活动应当涵盖不同年龄、职业、文化背景的人群，设计符合他们兴趣和需求的阅读项目，如儿童文学、青年文学、成人教育和老年读物等，以满足他们的精神文化需求。同时，推广活动还应关注特殊群体，如残障人士，为他们提供便捷的阅读服务，保障他们的阅读权利。其次，阅读推广应遵循公平公正的原则，确保活动的公开透明和资源的公平分配。推广活动应避免歧视和偏见，为所有人提供平等的阅读机会。此外，应充分利用公共资源，如图书馆、学校和社区等，为公众提供丰富的阅读材料和设施，缩小城乡、区域之间的阅读差距。再次，阅读推广应注重个性化和多样化的原则，尊重每个人的阅读习惯和喜好。推广活动应提供多种类型的阅读材料，包括文学作品、科普书籍、历史资料等，以满足不同人群的需求。同时，应鼓励创新和尝试，如利用现代技术，开展线上线下的阅读活动，为公众提供更多选择和便利。此外，阅读推广应遵循科学性和专业性的原则，确保活动的有效性和可持续性。推广活动应基于研究和数据分析，明确目标群体和预期效果，制订合理的活动计划和评估体系。同时，应加强专业培训和人才培养，提高阅读推广人员的业务素质和能力，使他们能够为客户提供专业的阅读指导和服务。最后，阅读推广应遵循合作与共享的原则，加强各方资源的整合。政府、企业、社会组织和志愿者等应共同参与阅读推广活动，形成合力。通过共建共享，优化阅读资源配置，提高阅读推广活动的覆盖面和影响力。同时，应加强国际交流与合作，借鉴各国阅读推广的成功经验，推动我国阅读推广事业的发展。阅读推广的原则和准则是指导阅读推广活动开展的基本规范。坚持以人为本、公平公正、个性化和多样化、科学性和专业性、合作与共享的原则，有利于确保阅读推广活动的有效性、针对性和可持续性，为提升全社会的阅读素养和文化水平做出积极贡献。

3. 阅读推广的实施策略

阅读推广是一项重要的社会任务，它旨在提高人们的阅读意识、培养阅读习惯、促进阅读能力的提升。为了有效实施阅读推广，需要采取一系列策略和措施。社会各方力量应当联合起来，共同推动阅读活动的开展。例如，政府可以制定相关政策法规，鼓励学校、图书馆等提供丰富的阅读资源；出版社可以推出更多优质图书，并进行推广宣传；媒体可以增加与阅读相关的报道和节目，引导公众关注阅读；学校应将阅读纳入教育教学计划，设立专门的阅读课程，培养学生的阅读兴趣和习惯。此外，家庭也应起到重要的作用，父母可以给孩子提供适合的图书，鼓励他们每天读书，同时自己也要成为孩子的榜样，多读书、读好书。社区图书馆、阅读俱乐部等阅读设施的建设也十分重要，它们可以为人们提供一个良好的阅读环境，激发他们的阅读兴趣。学校可以通过开展竞赛和展示的方式激发学生的阅读热情。同时，图书馆、书店等机构也可以承办各类阅读活动，吸引更多的人参与阅读。社会团体还可以联合举办一些大型阅读活动，比如全民读书日、读书节等，为全社会营造出浓厚的阅读氛围。随着互联网的普及和发展，人们获取信息的方式已经发生了很大变化。可以通过建设阅读网站、应用程序等平台，提供电子图书、阅读指南、读者评论等功能，方便公众获取阅读资源。同时，在社交媒体上开展阅读推广活动，安排读书推荐、读书分享等活动，引导人们讨论、参与阅读。对于一些特殊群体，如儿童、青少年、老年人、残障人士等，需要有针对性地进行阅读推广工作。例如，开展儿童绘本阅读活动、为青少年提供文学作品、为老年人提供易读性强的书籍等。此外，可以开展阅读辅导和阅读培训，提高特殊群体的阅读能力和阅读兴趣。

（三）阅读推广的方法与技巧

1. 阅读推广的宣传方法

为了有效地宣传阅读推广活动，吸引更多的人参与到阅读的行列中来，可以采用多种宣传方法。第一，可以通过媒体渠道进行宣传。利用电视、广播、报纸、杂志等传统媒体，以及微博、微信、抖音等社交媒体平台，发布阅读推广的活动信息、主题内容、时间地点等，让更多的人了解并参与进来。此外，还可以邀请知名作家、学者等参与宣传活动，通过他们的影响力带动更多的人关注阅读。第二，可以利用图书馆、书店等阅读场所进行宣传。通过在图书馆、书店等地方悬挂宣传横幅、摆放宣传展架等形式，向读者展示阅读推广活动的相关信息。同时，可以组织阅读讲座、读书会等活动，邀请读者分享阅读心得，激发更多人的阅读兴趣。第三，还可以通过教育机构进行宣传。学校等教育机构是培养阅读习惯的重要场所。可以通过开展阅读课、组织阅读活动等方式，将阅读推广活动融入教育过程，让学生在学习的过程中感受到阅读的魅力。第四，可以利用现代科技手段进行宣传。例如，制作阅读推广的短视频、动画等，通过网络、移动客户端等渠道进行传播。还可以开发阅读推广的应用程序、小程序等，提供在线阅读、图书推荐、阅读心得分享等功能，方便读者随时随地参与阅读。还可以采用问答营销的方式进行宣传。通过在互动平台上回答用户关于阅读的问题，提供阅读建议、推荐优秀读物，让更多人了解阅读的重要性。还可以组织阅读竞赛、挑战赛等活动，激发读者的阅读热情。第五，要加强与其他领域的合作，共同推动阅读推广活动。例如，与文化产业、旅游业、公益活动等相结合，举办阅读旅游、阅读公益活动等，让更多人参与到阅读中来。

2.阅读推广的活动策划

可以根据当地的文化特点、社会热点、读者需求等情况，确定活动主题，如经典阅读、科普知识、文学创作等。主题要贴近读者的兴趣点，有助于吸引更多人参与。要根据活动主题和内容，明确活动的受众，如学生、家长、职工、老年人等不同群体。了解目标人群的需求和兴趣，有助于精准定位活动，并提供相关资源和服务。同时，还可以组织与阅读相关的活动，如写作比赛、阅读马拉松等，激发读者的阅读热情。可以通过举办线上或线下的方式进行活动，提供更加丰富的阅读体验。活动宣传也是重要的一环，可以通过多种途径进行宣传，包括媒体报道、社交媒体推广、校园宣传、户外广告等。要充分利用各种宣传渠道，传递活动信息和吸引人们的关注。要合理安排活动的时间、地点和资源。根据目标人群的日常习惯和时间安排，选择适宜的时间和地点进行活动。同时，要充分调动社会资源，包括图书馆、出版社、作家、学者、志愿者等，共同参与活动，提供支持和保障。

3.阅读推广的评估与反馈

推广活动的评估与反馈对于每一个图书市场营销团队来说都是至关重要的。它不仅可以帮助团队了解活动的效果，还可以提供改进的机会，并在未来的推广活动中取得更好的成果。对于评估和反馈过程，团队应该遵循以下步骤。第一，团队需要收集相关的数据，以确定活动是否达到了预期的目标。这些目标可能包括销售增长、品牌知名度提高、顾客参与度增加等。通过对比活动前后的数据，可以直观地了解到活动的效果如何。第二，团队需要对活动的执行过程进行评估。这包括对活动计划、目标设定、执行方式、资源投入等方面的评估。通过对活动的执行过程进行评估，团队能够了解到活动中存在的问题和挑战，并为下一次的活动做出相应的调整和改进。第三，团队需要关注顾客的反馈。通过调查、问卷等方式，团队可以了解顾客对于推广活动的感受和意见。顾客的反馈是非常宝贵的，可以帮助团队了解到顾客的需求和期望，以便在未来的推广活动中更好地满足顾客的需求。第四，团队需要密切关注社交媒体和在线论坛等渠道上的用户评论。这些评论可以帮助团队了解顾客对于活动的实际反应，并及时对发现的问题进行回应和解决。根据对推广活动的评估和收集到的反馈，团队需要制订相应的改进计划。这些计划可能包括调整目标、改进执行方式、优化资源配置等。同时，团队还应该制订明确的行动计划，确保改进措施得以有效执行。评估和反馈是推广活动中不可或缺的环节。通过对活动结果、执行过程和顾客反馈的评估，团队可以及时了解活动的效果，并为下一次的推广活动做出相应的调整和改进。评估和反馈的过程是一个持续不断的过程，它可以帮助团队不断提升推广活动的效果，取得更好的业绩。因此，每一个市场营销团队都应该重视评估和反馈，并将其作为一个重要的学习和成长的机会。

二、需求分析理论

（一）需求分析的理论框架

1.需求分析的基本概念

需求分析是项目管理中的一个核心概念，它涉及对系统、产品或服务的需求进行识别、理解、定义和量化的过程。在项目的早期阶段，需求分析尤为关键，因为它为项目的后续阶段（如设计、开发、测试和维护）提供了基础。需求分析的基本概念涵盖了从用户的角度出发，深入理解和解析他们的需求、期望和潜在问题。这不仅仅是一个简单的信息收集过程，更是一个深入探索、验证和定义用户需求的迭代过程。在需求分析中，项目团队会与用户进行频繁的沟通，通过问卷调查、面对面访谈等方式收集信息。这些信息随后被整理、分析和归纳，以形成清晰、具体、可衡量的需求规格说明书。需求规格说明书是需求分析阶段的主要输出，它详细描述了系统、产品或服务应具备的功能、性能、安全性和适用性等方面的要求。这份文档不仅为开发团队提供了明确的工作指导，还为项目的验收和评估提供了依据。在需求分析中，有几个关键原则需要遵循。首先是用户参与原则，即确保用户在整个需求分析过程中都能积极参与，并提供有价值的反馈。其次是需求明确原则，即确保每个需求都是清晰、具体、可衡量的，避免模棱两可或含糊不清的描述。最后是需求变更管理原则，即确保在项目过程中，对需求变更进行严格的控制和管理，避免项目范围无限扩大。通过深入理解和解析用户需求，项目团队可以确保项目成果符合用户期望，从而实现项目的成功交付。同时，需求分析还有助于降低项目风险、提高项目质量和效率，为项目的顺利实施奠定坚实基础。

2. 需求分析的主要模型

在进行推广需求分析时，可以采用不同的模型来帮助整理和分析数据。下面将介绍两个主要的模型：PESTEL 模型和 SWOT 模型。PESTEL 模型是对宏观环境进行分析的工具，它包括政治、经济、社会、技术、环境和法律六个方面。政治因素涉及国家政策、政府稳定性和法律等。例如，在某些国家，政府对广告行业的管控力度较大，这将直接影响推广活动的范围和内容。经济因素包括经济波动、失业率、货币政策等。这些因素会影响产品或服务的需求和消费者对于推广活动的反应。社会因素则关注人口结构、文化价值观和社会习俗等。考虑到不同文化背景和习俗的差异，推广活动的定位和内容也需要相应调整。技术因素包括科技创新、数字化转型等，这些因素与推广手段和渠道的选择密切相关。环境因素考虑的是推广活动对环境的影响以及企业的可持续发展战略。法律因素是要注意推广活动是否符合相关法律法规，避免可能产生的法律风险。SWOT 分析模型用于分析企业内部的优势和劣势以及外部的机会和威胁。SWOT 代表着优势（Strengths）、劣势（Weaknesses）、机会（Opportunities）和威胁（Threats）。首先，通过识别企业的优势和劣势，可以了解企业在推广活动中的核心竞争力和短板。例如，企业在品牌知名度、市场份额和产品特点等方面的优势，可以作为推广活动的重点。其次，通过分析外部环境中的机会和威胁，可以洞察市场的潜在机会和风险。例如，新兴市场的增长潜力、技术发展带来的新机会以及竞争对手的推广策略等。通过 SWOT 分析，企业可以理清推广活动中的优劣势，并结合外部环境的机会和威胁，制订相应的推广策略和行动计划。除了这两个主要模型，还可以结合其他分析工具和方法，如市场细分、目标市场定位、竞争分析、消费者洞察等，来进一步完善推广需求分析。综合运用这些模型和工具，可以为推广活动提供全面的分析和决策依据，帮助企业更好地理解目标市场，满足消费者需求，提高推广活动的效果和回报。

3. 需求分析的方法和工具

需求分析的方法和工具是项目管理中关键的一环，它们帮助项目团队深入理解和解析用户需求，确保项目能够按照用户的期望进行设计和开发。在实际的项目管理中，有多种方法和工具被广泛应用，每种都有其独特的特点和适用场景。常见的需求分析方法包括：用户访谈，通过与用户进行面对面的交流，深入了解他们的需求、期望和痛点；焦点小组，邀请一组具有代表性的用户进行讨论，通过集体智慧来挖掘需求；问卷调查，通过设计问卷来收集用户的意见和反馈，这种方法适合大规模的需求收集。此外，原型设计也是一种常见的方法，通过制作初步的产品原型，让用户进行试用和反馈，从而进一步明确和优化需求。在需求分析过程中，项目团队还可以使用各种工具来辅助分析工作。例如，需求管理工具可以帮助团队有效地收集、整理、跟踪和验证需求，确保每个需求都得到妥善处理；思维导图工具可以帮助团队整理和呈现复杂的需求关系，使需求结构更加清晰，帮助团队将用户需求转化为具体的功能描述，为后续的设计和开发提供明确的指导。这些方法和工具的选择和使用应根据项目的实际情况进行灵活调整。在实际操作中，项目团队可能需要根据项目的规模、用户的特点、资源的可用性等因素进行权衡和选择。同时，项目团队还应注意方法的综合运用和工具的互补性，以充分发挥它们的优势，确保需求分析工作的准确性和有效性。通过科学的方法和工具的应用，项目团队可以更加深入地理解用户需求，为项目的成功实施奠定坚实基础。

（二）公共图书馆用户需求分析

1.公共图书馆用户类型与特征

公共图书馆作为一个为社会公众设立的学术、文化和信息中心，吸引了各种类型的用户。这些用户类型有着各自独特的特征和需求，形成了一个多元化的图书馆用户群体。我们先来看青少年这一用户类型。这类人群通常是学生或正在接受教育的年轻人。他们对知识的渴望和求知欲使他们成为图书馆的活跃用户。他们借阅各种学科的教科书、参考书以及学术期刊，以便更好地完成学业和扩大知识面。他们也会利用图书馆的学习空间和设备，进行自习和研究，以提升自己的学术成就。接下来是职场人士和专业人士。这些用户主要是在职的成年人，他们经常来图书馆查找与工作相关的资料和信息。他们可能需要专业书籍、行业报告、市场调研以及培训参考资料等。公共图书馆为他们提供了获取和更新专业知识的重要资源，无论是为了在工作中保持竞争力，还是为了在职业生涯中寻求发展。除了学生和职场人士之外，还有许多普通读者对公共图书馆产生浓厚兴趣。他们可能是文学爱好者、诗人、散文家，或者只是对艺术、音乐和文化感兴趣的人。他们在图书馆中借阅各类小说、传记、诗集和文史类图书，以满足自己对文学和艺术的热爱。此外，他们还可以参加图书馆组织的各种文学艺术活动，如读书会和文学讲座以及参观图书馆的展览和学术讲座。还有一个重要的用户类型是家庭读者。这包括家长和子女，他们一起来图书馆寻找适合家庭阅读的书籍。图书馆为这种用户类型提供了丰富的儿童图书、绘本、漫画和游戏，以激发孩子们的阅读兴趣。家长们也可以借阅教育类书籍，获取关于子女教育、亲子关系和家庭教育的知识。家庭读者可以在图书馆一同分享阅读的快乐。此外，公共图书馆还可以吸引退休人员和社区居民等其他群体。退休人员通常更有时间来图书馆阅读、学习和参加各种文化活动。他们可以借阅关于健康、旅游、养生、人文历史等方面的书籍，享受充实的退休生活。社区居民对公共图书馆的需求主要与本地历史、文化和社区事务有关。他们通常借阅和参与与其社区相关的书籍和活动，以了解和贡献于自己所居住的社区。

2. 用户需求分析的常用方法

图书馆用户需求分析的常用方法主要包括用户调研、数据分析、用户画像构建以及用户反馈机制等多种手段。这些方法的综合应用，可以帮助图书馆更准确地把握用户需求，提升服务质量和效率。用户调研是图书馆用户需求分析的基础，通过问卷调查、访谈、观察等方式，直接与用户交流，了解他们的阅读偏好、信息需求、使用习惯等。这种方式虽然耗时较长，但能够获取到最真实、最直接的用户反馈。数据分析则是一种更加量化、客观的方法。图书馆可以利用借阅记录、访问量、检索量等数据，通过统计分析、数据挖掘等技术，发现用户的阅读规律、信息需求趋势等。这种方法能够处理大规模数据，提供更为全面和深入的用户需求信息。用户画像构建是一种将用户信息标签化、形象化的方法。图书馆可以根据用户的年龄、性别、职业、兴趣等特征，构建出具体的用户画像，从而更加直观地了解用户需求和偏好。这种方法有助于图书馆提供更加个性化的服务。用户反馈机制则是一种持续性的需求分析方法。图书馆可以通过设置用户反馈渠道，如意见箱、在线调查等，及时收集用户的意见和建议，不断优化和改进服务。这种方法能够帮助图书馆及时调整服务策略，满足用户不断变化的需求。以上这些方法各有特点，可以相互补充和配合，共同构成一个完整的用户需求分析体系。通过综合运用这些方法，图书馆可以更加准确地把握用户需求，提升服务质量和效率，为用户提供更加优质、个性化的阅读体验。

3. 用户需求分析的实际操作

明确需求分析的目的，例如了解用户对图书馆资源的利用情况、使用需求和满意度等。明确研究目标有助于指导后续的数据收集和分析工作。根据研究目标和实际情况，可以选择问卷调查、访谈、观察等方法。问卷调查适用于大规模的数据收集，可以快速了解用户的基本信息和需求；访谈则适用于深入了解用户的意见和建议；观察法可以直接观察用户在图书馆的行为和需求。根据所选的研究方法，制订详细的调查计划和问卷，进行数据收集。在数据收集过程中，要注意保证数据的可靠性和有效性，避免偏差和误差的产生。对于收集到的数据，要进行整理和归类，以便后续的分析。通过统计分析、内容分析等方法，对收集到的数据进行分析，找出用户需求的特点和规律。在分析过程中，要注意从用户的角度出发，理解用户的需求，不要将自己的观点强加于用户。针对用户需求的特点和规律，图书馆可以改进服务方式、优化资源配置、提升服务质量等。同时，要将分析结果和建议反馈给用户，让他们知道图书馆在满足他们的需求方面所做的努力和改进。

（三）需求分析在阅读推广中的应用

1. 利用需求分析指导阅读推广活动

利用需求分析指导阅读推广活动是一种有效的策略，它可以帮助图书馆更好地了解读者的需求，从而为他们提供更加精准、有吸引力的阅读推广服务。通过深入分析读者的年龄、性别、职业、兴趣等背景信息，图书馆可以了解到不同读者群体的阅读偏好和需求，进而为他们量身定制相应的阅读推广活动。在实际操作中，图书馆可以首先通过用户调研、数据分析等手段，收集关于读者需求的详细信息。这些信息可以包括读者的阅读习惯、阅读偏好、阅读需求等。接着，图书馆可以利用这些信息来制订具体的阅读推广计划。例如，针对喜欢科幻小说的读者，图书馆可以组织科幻小说读书会或科幻电影放映活动；对于对历史文化感兴趣的读者，图书馆可以举办历史文化讲座或展览。此外，图书馆还可以根据读者的反馈和参与度来不断优化和调整阅读推广活动。除了具体的活动安排，图书馆还可以在阅读推广活动中融入用户教育和信息素养提升的内容。例如，图书馆可以举办阅读技巧讲座，帮助读者提高阅读效率；或者开设信息素养课程，教授读者如何有效地搜索和利用图书馆资源。利用需求分析指导阅读推广活动是一种以满足读者需求为核心的服务模式。通过深入了解读者需求，图书馆可以为他们提供更加精准、有吸引力的阅读推广服务，同时也有助于提升读者的阅读体验和阅读水平。这种服务模式不仅有助于图书馆更好地履行其社会职责，也有助于推动全民阅读事业的发展。

2. 需求分析对阅读推广策略的影响

通过定制化的推广策略，可以激发人们的阅读兴趣，拓宽读者群体，推动出版业的繁荣发展，培养更多有阅读素养的人才。然而，要真正实现这些目标，并促使推广策略发挥最大的效益，需求分析是非常必要的。通过对用户需求的深入研究，可以找到最适合目标用户的推广策略，有效提升用户黏性和满意度。首先，需求分析可以帮助确定目标用户的特点和需求，从而指导推广策略的制定和执行。通过用户调研和数据分析，可以了解用户的阅读习惯、喜好和关注领域，从而为推广策略的设计提供依据。例如，如果目标用户主要是年轻人，那么可以采用社交媒体平台的推广方式，提供精彩的阅读内容和互动活动，以吸引年轻人的关注和参与。如果目标用户是学术界人士，那么可以通过学术会议、研讨会等渠道，与他们建立密切的联系，了解他们的需求，并及时推送最新的学术著作和研究成果。其次，需求分析可以帮助发现市场的空白和痛点，从而开发出更具创新性和竞争力的推广策略。通过市场调研和用户反馈，可以了解用户对阅读推广活动的态度和期望，发现他们在阅读过程中遇到的问题和困惑。在了解了用户需求的基础上，可以通过创新的推广方式来满足用户的需求，解决用户面临的问题，从而提升推广活动的效果。例如，可以开发用于智能手机的阅读应用程序，提供个性化的阅读推荐和学习指导，帮助用户更好地管理时间、阅读更多的书籍。通过需求分析，还可以发现用户的潜在需求和未来的发展方向，进而调整和改进推广策略。随着科技的不断发展和人们对阅读方式的需求变化，推广策略也应该及时跟进和调整。例如，随着互联网和移动电子设备的普及，越来越多的人喜欢在网络平台上阅读和交流。在这种情况下，阅读推广策略可以更加注重推广内容的网络化和多媒体化，以迎合当代人的阅读习惯和需求。同时，还可以积极开拓线上阅读社群，在网络平台上组织阅读分享活动，增加用户之间的互动和交流。总而言之，需求分析对阅读推广策略的影响是深远而重要的。通过深入了解用户需求和市场状况，可以制定符合用户需求的推广策略，提高用户满意度和参与度。同时，需求分析还能够帮助发现市场的空白和潜在需求，从而开发创新性的推广策略。最后，需求分析还能够发现用户未来的需求变化和发展方向，促使推广策略不断跟进和改进。因此，在推广策略的制定和执行过程中，需求分析是不可或缺的环节，对于推动阅读文化的发展起着重要的作用。

3. 需求分析结果的评估与调整

图书馆阅读推广需求分析结果的评估与调整是一个持续而关键的过程，它确保了图书馆的服务始终与读者的真实需求保持同步。在评估阶段，图书馆需要对收集到的数据和信息进行深入分析，识别读者的阅读偏好、需求趋势以及潜在的服务空白。这包括了解读者的阅读类别、借阅频率、参与活动的积极程度等具体指标。同时，图书馆还需要关注读者的反馈，包括他们对现有服务的满意度、对新增服务的期待以及对图书馆整体环境的评价等。基于这些评估结果，图书馆可以对现有的阅读推广活动进行针对性的调整。例如，如果发现某一类图书的借阅量持续上升，图书馆可以增加该类图书的采购量，并策划相关的专题推广活动。如果读者的反馈显示他们对某个活动的参与度不高，图书馆可以重新设计活动形式和内容，或调整活动的时间和地点，以提高其吸引力。此外，图书馆还需要关注外部环境的变化，如新技术的发展、读者群体的变化等，这些都可能对阅读推广活动产生影响。因此，图书馆需要保持灵活性，随时准备调整策略，以应对这些变化。在评估与调整的过程中，图书馆需要建立一套有效的反馈机制，确保读者的声音能够被及时、准确地传达给决策者。同时，图书馆还需要培养一支具备数据分析能力的团队，以便更好地理解和利用收集到的数据，为阅读推广活动的持续优化提供有力支持。图书馆阅读推广需求分析结果的评估与调整是一个循环往复的过程，它需要图书馆不断地收集数据、分析需求、调整策略、评估效果，并在这个过程中不断提升服务质量和效率，以更好地满足读者的阅读需求。

三、社会化学习理论

（一）社会化学习的概念与特点

1.社会化学习的理论基础

社会化学习是一种复杂的过程，它涉及个体在与环境的互动中如何学习、理解并适应社会规则、价值观和行为模式。社会认知理论强调个体在社会互动中形成和理解自我身份的重要作用。通过与他人的互动，个体可以发展自我概念，理解自己的情感和观点，并逐渐形成社会认知能力。这种理论认为，社会化学习是个体与他人互动、观察和模仿他人的过程，这些互动和观察有助于个体理解社会规则和社会期望的行为。模仿和学习是社会化学习的重要机制。个体通过观察他人的行为并尝试模仿，来学习新的行为和技能。这种机制在儿童和成人的社会化过程中都起着关键作用。通过模仿，个体可以学习语言、技能和行为模式，这些技能和行为模式随后可能内化为个体的习惯或人格特质。社会化进程是个体逐渐融入社会的过程，包括一系列与他人互动和学习的阶段。早期阶段包括母婴关系、亲子互动和早期社交技巧的发展。随着个体的成长，他们需要学习更广泛的社会规则、价值观和行为模式，包括道德、文化和社会期望的行为。这一过程可能涉及学校、家庭等不同的社会环境，并通过教师的指导、父母的教诲和朋友的行为进行调节。群体动力学理论强调个体在群体环境中社会化学习的过程。群体环境为个体提供了互动、竞争和合作的机会，这些互动有助于个体学习社会规则和行为模式。群体中的规范和期望对个体的行为产生影响，个体可能会模仿群体的行为模式并内化为自己的行为准则。这些理论基础共同构成了社会化学习的框架，这些理论有助于我们理解社会化学习的过程和机制，并为教育者和家长提供指导，帮助他们促进儿童和成人的社会化进程。

2. 社会化学习的主要特点

社会化学习的主要特点体现在其强调学习的互动性、协作性、情境性以及个性化。在互动性方面，社会化学习鼓励学习者之间的积极参与和交流。通过在线社区、论坛、社交媒体等平台，学习者可以与他人分享观点、讨论问题、合作完成任务，这种互动不仅有助于知识的传递和理解，还能够促进学习者之间的情感联系和社交能力的提升。协作性是社会化学习的另一个重要特点。在传统的学习方式中，学习者往往是孤立的，而在社会化学习中，学习者可以通过协作的方式共同解决问题、完成任务。这种协作可以是线上或线下的，可以是小组内的或跨小组的。通过协作，学习者可以学会如何与他人合作、如何分工协作，从而培养团队合作精神和协作能力。情境性也是社会化学习的重要特点之一。社会化学习强调学习应当与实际情境相结合，让学习者在真实的环境中进行学习。通过模拟真实情境、案例分析、实地考察等方式，学习者可以更好地理解和应用所学知识，提高学习的实效性和针对性。个性化则是社会化学习不可忽视的特点。在传统的学习方式中，学习者往往被动接受知识；而在社会化学习中，学习者可以根据自己的兴趣、需求和能力选择适合自己的学习内容和学习方式。同时，社会化学习平台也会根据学习者的学习行为和反馈提供个性化的学习建议和推荐，从而帮助学习者更好地实现自我发展和提升。随着技术的不断进步和应用场景的日益丰富，社会化学习将会成为未来学习的重要趋势之一，为学习者的成长和发展提供更加广阔的空间和机会。

3.社会化学习的核心原则

个体通过观察他人的行为并尝试模仿，来学习新的行为和技能。这一原则在儿童的学习中尤其重要。儿童通过观察父母、同龄人和其他成年人的行为，逐渐学会说话、走路、玩耍等基本技能。这种模仿行为有助于个体发展认知、语言以及运动技能，并帮助他们适应社会环境。社交互动是社会化学习的基石，它提供了个体与他人进行合作、交流和学习的机会。从早期的母婴互动到日常的群体互动，个体通过与他人互动，学习社会规则、价值观和行为模式。社交互动可以是面对面的，也可以是通过社交媒体等虚拟平台进行的。无论是在现实还是虚拟环境中，个体通过与他人的互动来学习，并逐渐适应社会化的行为和期望。社会化学习不仅仅是模仿行为，还涉及个体将学习到的知识和技能内化为自己的行为准则。通过内化和个性化，个体可以将外部的社会规则和价值观转化为自己的内在规范和信念。这个过程在儿童成长中特别重要，他们通过从社会环境中吸收和理解信息，逐渐形成自己的个性、态度和行为习惯。反馈和奖励在社会化学习中起着关键的作用。个体通过接受到的反馈和奖励，来评估自己的行为是否符合社会规范和期望。积极的反馈和奖励可以增加个体的动力和积极性，帮助他们更好地适应社会环境。而负面的反馈或惩罚则有助于个体调整错误的行为并避免重复。文化和社会环境对于社会化学习起着重要的影响。文化是指共享价值观、信仰和行为准则的传统和规范。个体通过与文化和社会环境的互动来学习和内化这些价值观和规范。文化和社会环境中的不同因素，如语言、宗教、家庭结构、教育制度等，都会影响个体的社会化学习过程。这些核心原则在社会化学习的研究和实践中起着重要的指导作用。了解和运用这些原则有助于教育者、家长和社会工作者更好地促进个体的社会化发展，帮助他们适应不断变化的社会环境。同时，这些原则也提供了深入研究社会化学习的框架，有助于我们更好地理解个体在社会互动中的学习和发展过程。

（二）公共图书馆与社会化学习

1.公共图书馆的社会化学习环境

公共图书馆作为社会化学习的重要场所，为公众提供了一个开放、包容且富有资源的学习环境。在公共图书馆的社会化学习环境中，读者不仅能够接触到丰富的图书资料，还能在与其他读者的互动中拓宽视野、激发创新思维。首先，公共图书馆拥有丰富的馆藏资源，涵盖了各个学科领域，为不同年龄段、不同兴趣爱好的读者提供了充足的学习资料。这些资源不仅包括纸质图书，还有电子图书、期刊、数据库等多种形式，满足了读者多样化的学习需求。其次，公共图书馆的社会化学习环境注重读者的互动与协作。图书馆内设有讨论区、学习室、多功能厅等，方便读者开展小组讨论、举办讲座或进行其他形式的知识分享活动。此外，图书馆还通过社交媒体、在线平台等方式，将读者联系起来，形成一个庞大的学习共同体，促进了知识与信息的交流与共享。再次，公共图书馆的社会化学习环境强调情境化学习。图书馆通过举办展览、文化活动、实践项目等，将学习与现实生活紧密结合起来，让读者在真实情境中感受知识的魅力。这种情境化学习不仅提高了读者的学习兴趣和参与度，还有助于培养读者的实践能力和创新思维。最后，公共图书馆的社会化学习环境还注重个性化学习。图书馆提供了个性化的推荐、学习路径规划、定制化学习资源等服务，帮助读者根据自己的兴趣、需求和能力制订个性化的学习计划。这种个性化学习使得每个读者都能在图书馆找到适合自己的学习资源和方式，实现自我发展和提升。公共图书馆的社会化学习环境具有资源丰富、互动协作、情境化学习和个性化学习等特点。这种环境为公众提供了一个开放、包容且富有资源的学习平台，促进了知识与信息的交流与共享，推动了公众的学习与发展。

2. 公共图书馆在社会化学习中的角色

公共图书馆在社会化学习中的角色是不可忽视的。它们不仅是知识的宝库，也是个人和社会学习的中心。公共图书馆能提供一个安静、舒适的环境，使人能够集中精力学习。此外，图书馆内丰富的藏书涵盖了各种学科，从科学、技术到文学、艺术，满足了人们对于各种主题的好奇心。公共图书馆的开放时间和便利性使得任何人可以随时随地进入学习，不受时间和空间的限制。随着技术的发展，许多公共图书馆已经配备了电子图书、数据库和在线学习平台。这些资源不仅扩大了图书馆的馆藏，也使得人们能够更方便地获取信息和学习新知识。此外，公共图书馆还提供了一些数字工具，如搜索引擎和参考咨询服务，帮助读者更好地理解和使用这些资源。在公共图书馆中，读者可以与其他人分享他们的学习经验和知识，甚至可以共同创建和分享学习项目。这种交流和合作不仅有助于提高个人的学习效果，也有助于建立社区之间的联系和互动。许多学校和培训机构将公共图书馆视为重要的教学和资源中心。他们使用图书馆的资源来开展课程、组织研讨会和研究项目。公共图书馆还提供了一些设施，如计算机实验室和数字资源中心，以满足教育机构的需求。公共图书馆正在探索新的方式来支持社会化学习。例如，他们正在开发数字平台和应用程序来提供在线学习资源，并与社交媒体和在线教育平台合作，以扩大其影响力。公共图书馆在社会化学习中扮演着重要的角色。它们提供了丰富的资源、便利的设施和交流的机会，以支持个人和社会的学习。随着技术的发展，公共图书馆将继续发挥其作用，并成为社会化学习的关键组成部分。

3. 公共图书馆支持社会化学习的方式

公共图书馆支持社会化学习的方式多种多样，它们不仅提供了丰富的馆藏资源，还通过创新的服务模式和活动安排，为公众营造了一个富有活力和创造力的学习环境。从安静的自习室到开放的讨论区，从传统的阅览室到现代化的多媒体室，图书馆为读者提供了多种选择。这些空间的设计旨在鼓励读者之间的互动和合作，同时也允许他们根据个人喜好和学习习惯选择适合自己的学习环境。通过电子图书、在线数据库和移动应用程序等工具，图书馆使读者能够方便地获取和分享信息。此外，图书馆还利用大数据和人工智能等技术，分析读者的学习行为和偏好，为他们提供个性化的学习建议和推荐。公共图书馆定期举办各类活动，促进知识的传播和共享。这些活动不仅为读者提供了学习新知识的机会，也为他们提供了一个交流思想和建立社交网络的平台。公共图书馆还通过与其他机构和社区的合作，扩展学习资源和服务。例如，图书馆可以与学校、博物馆、企业等机构合作，共同开展项目和研究，为读者提供更加全面和深入的学习体验。

（三）社会化学习理论在阅读推广中的应用

1.利用社会化学习理论促进阅读推广

社会化学习理论认为，人们通过观察和模仿他人的行为、接受反馈和奖惩等方式，从他人那里获取知识和技能。在学校、社区和家庭等不同环境中，选择一些有阅读兴趣并且阅读表现出色的人作为典范。这些人可以是学校的优等生、知名作家、教育专家等。他们将成为阅读的榜样，鼓励他人养成阅读的习惯并热爱阅读。通过组织阅读俱乐部、阅读讨论小组等形式，将有阅读兴趣的人聚集在一起，共同讨论阅读的话题，分享阅读心得。这种社交环境可以激发人们的阅读兴趣，并且可以在群体中相互学习和激励。人们在认识到自己的努力和进步得到承认和赞扬时，会更加有动力继续前进。因此，在阅读推广中，可以通过评选"阅读之星""最佳读者"等荣誉或奖励的方式，奖励那些表现出色的阅读者，激发更多人参与阅读。社交媒体的影响力很大，可以通过社交媒体平台分享阅读资源、推荐好书等活动，吸引更多的人关注阅读。同时，鼓励用户在社交媒体上分享自己的阅读体验和推荐，加强用户之间的互动和交流。举办阅读活动和展览可以为人们提供一个亲身体验阅读的机会，能够让人们接触到不同类型的图书。还可以通过举办读书讲座、文学讨论和作品展示等形式，增强人们的阅读意识和兴趣。通过亲密的人际关系，可以在日常生活中相互激励和监督，共同推动阅读的进步。例如，家庭成员之间可以一起制订阅读计划，相互监督并互相交流阅读心得。教师和学生之间也可以建立良好的师生关系，在教室中充分利用学生之间的合作学习，促进阅读的发展。

2.社会化学习理论对阅读推广活动的指导意义

社会化学习理论是现代教育理论中的重要组成部分，它突破了传统的行为主义学习理论框架，从认知和行为联合起作用的观点去看待人们的学习行为。在这个过程中，学习者通过观察他人、参与社会互动和实践活动来获取知识和技能。社会化学习理论对阅读推广活动具有重要的指导意义。社会化学习理论强调社会互动在阅读过程中的重要性。阅读不仅仅是一个个体的认知活动，更是一个社会互动的过程。通过与他人分享阅读体验、讨论阅读内容、共同解决问题等互动活动，学习者可以更好地理解和记忆阅读材料，提高阅读效果。因此，在阅读推广活动中，我们应该鼓励学习者之间进行互动和合作，提供交流和分享的平台，以促进阅读的理解和记忆。社会化学习理论强调榜样的作用在学习过程中的重要性。学习者通过观察和模仿他人的行为和态度来学习。在阅读推广活动中，我们可以利用榜样的作用来激发学习者的阅读兴趣和动机。通过邀请优秀的阅读者或者专家进行分享和示范，让学习者看到阅读的重要性和价值，激发他们对阅读的热爱和追求。同时，我们还可以鼓励学习者之间相互分享阅读经验和心得，通过模仿他人的阅读行为来提高自己的阅读能力。社会化学习理论强调学习者的参与和实践活动在阅读过程中的重要性。学习者通过参与阅读活动，亲身体验和实践来加深对阅读材料的理解和应用。在阅读推广活动中，我们应该设计各种形式的阅读实践活动，如阅读分享会、角色扮演、写作创作等，让学习者能够通过实践活动来提高阅读理解能力和创造力。学习者的动机和兴趣是推动他们进行阅读的重要因素。在阅读推广活动中，我们应该关注学习者的动机和兴趣，通过提供有趣和富有挑战性的阅读材料，激发他们的阅读兴趣，并给予及时的反馈和鼓励，以增强他们的阅读动力。

3.社会化学习理论对阅读推广策略的优化建议

基于社会化学习理论，阅读推广策略可以得到一系列优化建议，从而更好地激发读者的阅读兴趣，促进知识的共享和传承。首先，阅读推广应强调社交互动的重要性，通过组织读书会、分享会等集体活动，让读者在交流中深化对书籍的理解，同时扩大阅读的影响力。其次，推广策略应充分利用社交媒体等网络平台，构建线上阅读社区，方便读者随时随地分享阅读心得，形成线上线下的联动效应。此外，阅读推广还需注重个性化推荐，根据读者的阅读习惯和兴趣，为他们推送合适的书的内容和阅读资源，提高阅读的针对性和实效性。同时，图书馆等阅读推广机构应积极与出版商、作者等合作，开展多样化的阅读活动，如作家见面会、新书发布会等，吸引更多读者参与。最后，阅读推广还应关注读者的反馈和评价，及时调整推广策略，确保活动的持续性和有效性。通过这些优化建议，阅读推广策略能够更好地融入社会化学习的理念，激发读者的阅读热情，促进知识的传递和创新。这些优化建议的实施，不仅可以提高阅读推广的效果，还能为读者带来更丰富的阅读体验。例如，通过社交媒体平台，读者可以更方便地与其他书友进行互动，分享自己的阅读心得和感受，从而增强阅读的乐趣和满足感。同时，个性化推荐也能让读者更容易找到符合自己兴趣和需求的书籍，提高阅读的针对性和实效性。此外，可以与出版商、作者等合作，让读者更深入地了解书籍背后的故事和创作过程，增加阅读的趣味性和深度。同时，要关注读者的反馈和评价，让阅读推广机构

更好地了解读者的需求和期望，从而不断改进和优化推广策略，为

读者提供更加优质的服务和体验。

第四章

公共图书馆阅读推广策略优化的方法

一、数据分析和市场调研

（一）读者阅读习惯与偏好统计分析

读者阅读习惯的量化分析主要包括读者阅读的时间、频率、时长、媒介等方面的数据统计。这些数据可以通过图书馆的借阅系统、在线阅读平台、读者调查问卷等方式收集。通过对这些数据的分析，可以了解读者的阅读习惯和偏好，从而有针对性地提供阅读资源和服务。例如，通过数据分析发现，大部分读者喜欢在晚上阅读，那么图书馆就可以在晚上延长开放时间，提供更加丰富的阅读资源。如果数据显示电子书的阅读量逐年上升，图书馆就可以加大对电子书的采购和推广，满足读者的需求。此外，还可以通过对读者阅读偏好进行分析，了解读者对不同类型的图书、不同作者、不同出版社的喜好，从而在采购、推荐图书时更有针对性。同时，图书馆还可以根据读者的阅读习惯和偏好，定期举办相关的阅读活动，提升读者的阅读体验。

对于读者偏好的数据挖掘技术，主要包括关联分析、聚类分析、分类分析等。通过对读者偏好数据的挖掘，可以发现读者群体的共性和个性，为阅读推广提供更有针对性的策略。关联分析可以帮助图书馆发现读者之间的关联性，例如某些读者经常一起借阅同一本书或者类似的书籍，那么图书馆就可以举办相关的阅读活动，如读书会、研讨会等，增强读者的交流和互动。聚类分析可以将读者群体分为不同的类别，根据不同的阅读偏好提供相应的阅读资源和服务。例如，可以将读者分为文学类、科普类、教育类等不同类别，为每个类别的读者提供更加精准的推荐和引导。分类分析可以帮助图书馆对读者进行分类，针对不同类型的读者提供不同的服务。例如，针对年轻读者，可以举办更多的互动性强的阅读活动；针对老年读者，可以提供更加适合他们阅读习惯的书籍和阅读环境。

通过数据分析和市场调研，可以了解用户对图书馆服务的需求和满意度，进而确定优化方法。可以通过图书馆管理系统中的数据统计功能，分析用户借阅的图书种类、借阅频率、借阅时长等情况。同时，还可以通过借阅记录和阅读记录等数据来了解用户的阅读兴趣和阅读习惯。通过这些数据分析，图书馆可以了解用户最喜欢的图书类型和热门图书，以便采购更加符合用户需求的图书和创造更好的阅读氛围。可以通过问卷调查、面对面访谈等方法，收集用户的意见和建议。问卷调查可以涵盖用户对图书馆藏书、服务质量、借阅流程等方面的满意度评价，同时还可以了解用户对图书馆读者活动、数字资源服务等方面的需求。通过市场调研，图书馆可以了解用户的期望和意见，为优化图书馆的阅读推广提供依据。

通过统计图书借阅情况、图书馆使用率、各个区域和时间段的阅读活动情况等来实现数据分析。通过分析这些数据，可以了解哪些类别的图书更受欢迎，哪个时间段的阅读活动更受欢迎以及哪些地区的阅读需求更大等。这些数据可以帮助图书馆更好地了解读者的需求，从而根据实际情况来制定相应的阅读推广策略。可以通过用户调研、访谈和问卷调查等方式，了解读者对图书馆的满意度和对图书馆阅读推广活动的看法。通过这些调研工作，可以了解读者对图书馆推广活动的认可度和满意度。同时，还可以了解读者对图书馆服务的期望和需求以及他们对于阅读推广活动的意见和建议。这些数据可以帮助图书馆更加深入地了解读者的需求，从而优化和改进阅读推广活动。通过数据分析和市场调研可以帮助公共图书馆更好地了解读者的需求和满意度，从而制定出更具有针对性和实际效果的阅读推广策略和活动。通过深入了解读者的需求和意见，公共图书馆可以更好地满足读者的阅读需求，提高服务质量和读者满意度。

（二）图书馆服务情况调查与评估

图书馆服务情况的评估模型是评估图书馆服务质量和效果的一种工具。该模型可以通过收集和分析各种数据来评估图书馆服务的满意度和质量水平。通过设计问卷或进行面访，向图书馆用户收集他们对服务满意度的评价，包括但不限于图书馆设施和环境、藏书数量和质量、图书馆工作人员服务态度和技能、借还书流程等各个方面的评估。通过对用户反馈的整理与分析，可以评估当前服务的优势和不足之处。分析借还书流程中可能存在的问题，包括借还书流程的效率、自助借还设备的可用性和易用性等。这些问题可能影响到用户对图书馆服务的满意度和使用体验。通过优化借还书流程，图书馆可以提升服务质量。对图书馆的藏书数量和质量进行评估，包括收集用户对馆藏图书的需求和反馈，分析馆藏图书的专业性和新颖性等。根据这些评估结果，图书馆可以调整采购和整理策略，提供更符合用户需求的图书馆服务。

通过分析图书馆各项服务项目的影响力，可以评估服务项目的效果和价值。通过分析图书馆各项资源的利用率，包括座位利用率、电子资源使用率等，评估资源的投入产出比。根据利用率数据，图书馆可以调整资源配置，使资源得到有效利用。评估馆员培训及其对服务质量的影响。通过收集用户对馆员服务态度和技能的评价以及馆员参与培训的情况，可以判断馆员培训对服务质量的影响程度。评估图书馆与教育机构和社区合作方面的工作成果，包括阅读推广活动、图书馆与学校的合作等。通过分析这些项目对用户、学校和社区的影响，可以评估图书馆在教育和社区合作方面的价值。

图书馆可以通过收集用户的反馈和投诉数据来评估服务质量和改进方向。通过设置反馈表单、投诉通道等方式，收集用户的反馈和投诉数据。这些数据包括用户对服务的建议、意见、问题和不满等。对收集到的反馈和投诉数据进行整理和分析，可以将数据进行分类、统计，并分析其中的关键问题和趋势。通过数据分析，可以判断用户的主要需求和不满意的方面。

根据反馈和投诉数据的分析结果，图书馆可以制定相应的解决问题和改进措施。这些措施包括针对性的培训、设备维护和更新、服务流程优化等，以满足用户需求并提升服务质量。

根据以上评估结果和分析，图书馆应制订服务改进策略与实施计划。根据评估结果和分析，确定各项服务改进的优先级。可以将问题按照影响程度和紧急程度进行排序，以确定哪些服务改进需要优先实施。根据评估结果和分析，设定服务改进的具体目标。这些目标包括提升用户满意度、提高资源利用率、改善馆员服务质量等。根据设定的目标，制订具体的行动计划。这些计划可以包括开展培训活动、更新设备设施、改进服务流程等，以实现服务改进的目标。在实施过程中，要进行监督和评估，以确保服务改进策略的有效实施和目标的实现。

（三）市场趋势与读者需求预测

1. 当前市场趋势的宏观分析

通过对当前市场趋势的宏观分析，可以了解图书馆所处的外部环境和行业变化。随着数字化技术的发展和互联网的普及，数字化阅读逐渐成为人们获取信息和阅读的重要方式。图书馆需要关注数字化阅读的发展趋势，并通过提供电子书籍和在线阅读服务等方式满足读者的需求。读者对于阅读的方式和形式要求越来越多样化。除了传统的纸质图书，读者还可能希望通过音频书、电子书等多种形式进行阅读。图书馆需关注这些多元化的阅读方式，提供丰富的阅读资源和服务。社区阅读空间的需求逐渐增长。图书馆作为社区阅读和学习的重要场所，需要关注社区阅读空间的需求，并根据实际情况调整和改进馆内设施和服务。

2. 读者需求发展的时序预测

对读者需求的时序预测可以帮助图书馆了解读者的变化和需求的发展趋势。通过收集和分析读者的借阅记录、借还频率、借书类别等数据，了解读者的阅读兴趣和偏好。根据数据分析的结果，预测读者需求的发展趋势。例如，可以分析某一类图书的借阅情况，判断该类图书的需求是否逐渐增加或减少。根据趋势分析的结果，预测未来一段时间内读者的需求情况。这可以帮助图书馆调整采购策略，提供符合读者需求的图书馆服务。

3. 行业动态与图书馆阅读推广的定位

通过关注行业动态，图书馆可以了解图书馆服务在整个阅读推广行业中的定位和影响力。从教育机构的角度看，图书馆是重要的阅读和学习资源提供者。图书馆可以与学校等教育机构进行合作，提供相关资源和服务，扩大阅读推广的影响力。了解行业内阅读推广活动的创新和多样化，可以帮助图书馆在阅读推广中寻找新的方向和策略。可以关注行业内的优秀案例和创新模式，并应用到图书馆的实践中。图书馆是社区居民获取信息和知识的重要场所，对社区的发展和文化建设有着重要影响。通过了解图书馆与社区的关系，可以进一步明确图书馆的定位和服务目标。

4. 未来阅读趋势与图书馆角色探讨

对未来阅读趋势的探讨可以帮助图书馆把握发展机遇和应对挑

战。随着数字化阅读的发展，图书馆可以积极利用数字化技术，提供电子图书、在线阅读和数字资源等服务，以满足读者的需求。未来，社区阅读空间的需求将更加迫切。图书馆可以通过改善馆内设施、增加社区活动等方式，提供更加舒适和多样化的阅读空间。未来阅读推广需要更加注重创新和互动。图书馆可以探索新的阅读推广模式，如借阅活动、图书推荐和社交媒体营销等，以吸引更多读者的参与。

（四）竞争对手阅读推广活动分析

1. 主要竞争对手阅读推广活动的概况

了解竞争对手阅读推广活动的概况，包括活动类型、时间、地点和参与人数等。可以通过调查问卷、访谈和网络调查等方式收集相关信息。同时，关注竞争对手在阅读推广活动中的创新和亮点，为图书馆的阅读推广提供灵感。

2. 竞争对手的优势与不足分析

通过对竞争对手的优势与不足进行分析，可以帮助图书馆了解其在阅读推广活动中的相对地位。分析竞争对手在阅读推广活动中的创新性，如是否有独特的活动主题、形式和内容等。同时，关注竞争对手在活动宣传和推广方面的创新，以了解如何吸引更多的参与者。关注竞争对手在活动组织与实施方面的表现，如活动场地的选择、活动时间的安排和活动流程的设计等。同时，了解竞争对手在活动策划、实施和总结等方面的经验和不足。分析竞争对手在资源整合方面的能力，如是否能够有效地整合各类资源（如人力、财力和物力等）以支持阅读推广活动。同时，关注竞争对手在资源利用方面的策略和方法。

3. 图书馆阅读推广活动的竞争力评估

竞争力评估是指评估图书馆在阅读推广活动中的竞争力。评估图书馆在活动创新性和吸引力方面的表现，如是否有独特的活动主题、形式和内容等。同时，关注图书馆在活动宣传和推广方面的表现，以了解如何吸引更多的参与者。此外，还应关注图书馆在资源利用方面的策略和方法。

4. 提升图书馆推广活动竞争力的策略

通过设计独特的活动主题、形式和内容，提高图书馆阅读推广活动的创新性和吸引力。同时，关注活动宣传和推广策略，以吸引更多读者参与。改进活动组织与实施方面的表现，如优化活动场地的选择、活动时间的安排和活动流程的设计等。同时，提高图书馆在活动策划、实施和总结等方面的能力，以提高活动质量。优化资源是指利用策略和方法来提高资源利用效率。与竞争对手进行合作与交流，共同探讨阅读推广活动的创新与优化。通过合作与交流，图书馆可以学习竞争对手的优点，弥补自身的不足，从而提高竞争力。

二、阅读推广资源的整合与共享

（一）图书馆藏书结构优化与推荐系统构建

1.图书馆藏书结构优化的目的与流程

图书馆藏书结构优化旨在提高藏书质量，满足读者需求。对此，要根据图书馆的定位和职责，确定藏书结构的基础。例如，公共图书馆、高校图书馆和专业图书馆的藏书结构应有明显的差异。充分考虑读者的需求和阅读偏好，以提高藏书的实用性和针对性。保持藏书的新颖性和时效性，及时更新藏书，淘汰过时、陈旧的图书。注重藏书的多样性和完整性，确保各类文献资源的平衡发展。

优化流程要做到了解图书馆藏书的现状、读者需求、同类图书馆的藏书情况等。根据调查分析结果，明确藏书结构优化的目标、原则和具体措施。根据藏书发展政策，挑选适合图书馆的图书和文献资源。对藏书质量、结构、利用率等进行评价，为下一次藏书优化提供依据。根据藏书评价结果，及时调整藏书结构，补充新品，淘汰旧品。

2.推荐系统算法的研究与选择

推荐系统算法是实现藏书推荐的核心技术。目前常用的推荐算法有协同过滤算法：通过分析读者之间的相似度，找出与目标读者相似的读者群体，推荐他们喜欢的图书。基于内容的推荐算法：分析图书的特征，如主题、作者、出版社等，找出与目标读者兴趣相符的图书。混合推荐算法：结合协同过滤算法和基于内容的推荐算法，提高推荐的准确性和覆盖度。深度学习推荐算法：利用神经网络等深度学习技术，挖掘读者和图书之间的复杂关系，提高推荐质量。在实际应用中，可以根据图书馆的实际情况和读者需求，选择合适的推荐算法。同时，可通过不断调整和优化算法，提高推荐系统的性能。

3.藏书推荐与用户阅读偏好的匹配研究

为提高藏书推荐的准确性，需深入研究用户阅读偏好。阅读偏好包括：阅读主题，即了解读者感兴趣的主题类别，如文学、历史、科技等；阅读水平，即区分读者的阅读水平，如通俗读物、学术著作等；阅读习惯，即分析读者的阅读时间、地点、频率等；阅读需求，即了解读者的个性化需求，如求知、娱乐、启发等。通过对阅读偏好的研究，可以更好地为读者提供个性化的藏书推荐。同时，有助于图书馆优化藏书结构，满足不同读者的需求。

4.藏书更新周期的数据分析与决策

藏书更新周期是影响图书馆藏书质量的重要因素。通过对藏书更新周期的数据分析，可优化更新策略。数据分析内容主要是评估藏书的使用情况，提高藏书的利用效率。分析藏书的新颖性，淘汰过时、陈旧的图书。跟踪读者需求的发展趋势，调整藏书结构。借鉴同类图书馆的更新策略，优化自身藏书更新。根据数据分析结果，图书馆可根据藏书利用率和老化程度，缩短或延长藏书更新周期。针对读者需求变化，加大对重点领域藏书的更新力度。根据同类图书馆的藏书更新情况，不断优化自身藏书结构。图书馆藏书结构优化与推荐系统构建是一个系统性、持续性的过程。通过遵循准则，运用合适的推荐算法，研究读者阅读偏好以及根据数据分析结果调整藏书更新策略，可以使图书馆藏书更加符合读者需求，提高图书馆服务质量。

（二）数字资源的整合与推广

公共图书馆作为社会文化的重要载体，其阅读推广活动的成功与否，直接关系到公众的阅读兴趣和阅读习惯的培养。因此，如何有效整合与共享阅读推广资源，成为图书馆面临的重要课题。资源整合是指图书馆将馆内外的各种阅读资源，如纸质图书、电子图书、期刊、报纸、网络资源等，通过一定的技术手段和组织方式，形成一个有序、高效、易于利用的资源体系。这一过程不仅涉及资源的收集、分类、编目，还涉及资源的数字化、网络化等。通过资源整合，图书馆可以最大程度地满足读者的阅读需求，提高资源的利用率。资源共享则是图书馆之间、图书馆与其他文化机构之间，通过合作、交换、共享等方式，实现资源的互利共赢。资源共享不仅可以缓解单个图书馆资源紧张的问题，还可以扩大图书馆的服务范围，提高服务质量。例如，通过馆际互借、文献传递、联合目录等方式，实现资源的跨馆利用；通过与文化机构合作，将图书馆的资源融入社会文化活动中，提高资源的社会效益。随着信息技术的快速发展，数字资源已成为图书馆阅读推广的重要组成部分。数字资源的整合与推广，对于提高图书馆的服务水平、满足读者的多元化需求具有重要意义。

1. 数字资源整合的模式与技术路径

数字资源整合的模式主要包括集中整合和分布式整合两种。集中整合是指将各种数字资源集中到一个平台上，通过统一的界面和检索方式提供服务。这种模式便于管理和维护，但可能面临资源版权、技术兼容性等问题。分布式整合则是将各种数字资源分布在不同的平台上，通过链接、元数据共享等方式实现资源的互联互通。这种模式可以充分利用各平台的优势，但可能面临资源整合度不高、用户体验不一致等问题。技术路径方面，数字资源整合主要涉及元数据标准、数据交换格式、跨平台检索技术等。元数据标准是实现资源描述和交换的基础，如 MARC、DC、RDF 等。数据交换格式则关系到资源的传输和存储，如 XML、JSON 等。跨平台检索技术则是实现资源一站式检索的关键，如 Z39.50、OAI-PMH 等。

2. 数字资源推广的有效性研究

数字资源推广的有效性是衡量图书馆数字资源服务水平的重要指标。有效性研究主要包括用户满意度、资源利用率、用户行为分析等方面。通过用户满意度调查，可以了解用户对数字资源的评价和建议；通过资源利用率统计，可以分析数字资源的利用情况和存在的问题；通过用户行为分析，可以挖掘用户的阅读需求和偏好，为资源推广提供依据。

3. 数字阅读平台的建设与优化

数字阅读平台是数字资源推广的重要载体。一个优秀的数字阅读平台应该具备资源丰富、界面友好、操作便捷、个性化推荐等特点。在创建过程中，需要考虑到平台的技术架构、用户体验、资源组织等方面。同时，还需要根据用户反馈和数据分析，不断优化平台的功能和服务，提高用户的满意度。

总之，公共图书馆阅读推广的优化需要整合与共享各类资源，特别是数字资源。通过有效的资源整合与推广、数字阅读平台的创建与优化等措施，可以提高图书馆的服务水平，满足读者的多元化需求，推动全民阅读活动的深入开展。

（三）跨界合作与资源共享策略

1. 跨界合作的类型与实施策略

为了更好地推广阅读，公共图书馆需要与其他行业或组织进行跨界合作，实现资源的整合与共享。与学校、培训中心等教育机构合作，共同推动阅读活动。可以通过合作举办读书分享会、阅读讲座等活动，提供优质的阅读推广资源。与博物馆、美术馆、艺术团体等文化机构合作，举办联合展览、演出等活动。通过文化活动的开展，将阅读与文化艺术相结合，提升读者的阅读体验。与社区居民委员会、社团等社区组织合作，共同开展阅读推广活动。可以通过合作开展图书交流、读书讨论会、书友会等活动，促进社区的阅读氛围和互动。与新闻媒体、电视台、网络平台等媒体合作，共同推动阅读推广。可以通过媒体的宣传报道、推广推荐等手段，扩大阅读的影响力和受众群体。跨界合作的实施策略包括：与合作伙伴明确共同的阅读推广目标，明确各自的责任和任务；合理配置双方的资源，实现资源的互补和共享。例如，图书馆可以提供图书资源，教育机构可以提供教学资源，文化机构可以提供艺术展览资源。通过协同推广活动，将各方资源集中展示，提升合作活动的影响力和参与度。例如，举办大型的阅读活动，邀请各方共同参与。

2. 跨行业资源共享的机制研究

为了实现跨行业的资源共享，公共图书馆需要建立相应的合作机制。图书馆要与合作伙伴签订合作协议，明确合作的内容、范围、期限等，建立长期稳定的合作关系。根据合作目标，制订具体的工作计划。明确各方的责任和义务，确保合作顺利进行。建立资源整合和管理机制，确保资源共享的顺畅进行，包括图书馆的资源整合、接收和管理等。建立信息共享和交流机制，确保双方及时沟通和协调，可以通过定期会议、信息平台等方式实现。

3. 跨界合作项目的效果评价体系

跨界合作项目的效果评价是跨界合作的重要环节。建立评价体系有助于评估合作项目的效果和价值，为后续合作提供参考。评估合作项目是否达到了预期的目标。通过对合作目标的量化评估，判断合作项目的成功率。评估合作过程中资源的利用效率。通过对合作期间资源的利用情况的评估，判断资源的合理利用程度。评估合作项目对各方的影响力。通过调查问卷、访谈等方式，了解合作项目在社会、文化、教育方面的影响和成效。评价体系的建立应根据具体项目情况进行调整和完善，以确保评价结果的准确性和科学性。同时，评价结果应及时反馈给合作伙伴，为进一步改进和提升合作项目提供参考。

（四）社区联动与阅读推广资源共建

1. 社区阅读需求的调研与分析

社区作为社会的基本单元，其文化氛围和阅读习惯直接影响着居民的生活质量。公共图书馆与社区联动，不仅能够深入了解社区居民的阅读需求，还能够基于这些需求，策划和实施更加接地气的阅读推广活动。了解社区的阅读需求是开展阅读推广的基础。公共图书馆应该定期对社区进行调研，了解不同年龄、职业、教育背景、居民的阅读偏好、阅读时间、阅读习惯等。通过数据分析，图书馆可以更加精准地定位服务方向，为社区居民提供更加符合其需求的阅读资源和服务。

2.社区联动项目的策划与实施

基于社区阅读需求的调研结果，公共图书馆应该与社区管理机构、文化组织等合作，策划一系列的阅读推广项目。这些项目可以包括阅读讲座、图书交流、亲子阅读活动、读书会等。在项目实施过程中，图书馆应该与合作伙伴密切沟通，确保项目的顺利进行，并及时调整项目内容，以满足社区居民的阅读需求。

3.社区阅读推广活动效果的跟踪评估

活动结束后，公共图书馆需要对社区阅读推广活动的效果进行跟踪评估。这包括对活动参与度、活动满意度、阅读量等方面进行评估。通过评估，图书馆可以了解活动的实际效果，总结经验教训，为未来的阅读推广活动提供参考。

4.阅读推广资源共建的可持续性研究

阅读推广资源的共建不是一次性的活动，而是一个长期的过程。公共图书馆应该与社区建立长期稳定的合作关系，共同维护和更新阅读资源。同时，图书馆还应该探索多元化的资源获取方式，如与出版社、图书馆联盟等合作，共同建设阅读资源库。此外，图书馆还可以通过开展募捐、赞助等活动，筹集资金用于购买和维护阅读资源。为了确保阅读推广资源共建的可持续性，公共图书馆还需要建立一套完善的管理机制。这包括明确资源共建的目标和原则、制订资源更新和维护的计划、建立资源共享和合作的机制等。同时，图书馆还需要加强与社区居民的沟通与交流，了解其阅读需求和反馈意见，不断调整和完善资源共建的策略。除了管理机制外，公共图书馆还需要加强技术支撑和人才培养。通过引入先进的技术和设备，如大数据分析、云计算等，提高资源共建的效率和质量。同时，图书馆还需要培养一支具备专业素养和创新精神的阅读推广队伍，为资源共建提供有力的人才保障。社区联动与阅读推广资源的共建是实现公共图书馆阅读推广优化的重要途径。通过深入了解社区阅读需求、策划实施联动项目、跟踪评估活动效果以及研究资源共建的可持续性等方面的工作，公共图书馆可以更加有效地整合和共享阅读推广资源，推动全民阅读活动的深入开展。同时，这也将为社区文化的发展和居民生活质量的提升作出积极贡献。

三、创新推广方式和手段

（一）互动式阅读推广活动设计

互动式阅读推广活动是一种创新的推广方式，通过与读者的互动，激发其阅读兴趣和参与度。设计和开展互动式阅读推广活动，可以提升读者的阅读体验和推广效果。在进行互动式阅读推广活动设计时，需考虑以下几个方面：

1. 互动式阅读推广活动分析

首先，需要对互动式阅读推广活动进行分析，了解其特点和分类。常见的互动式阅读推广活动包括：读书分享会，邀请读者分享自己的阅读体验、感悟和心得，与其他读者进行交流和互动；阅读讲座，邀请专家学者或作家讲解图书内容、阅读技巧等，与读者进行互动交流；亲子阅读活动，邀请家长与孩子一起参与阅读，并进行互动交流，提升家庭的阅读氛围；书友会，建立读书群体，共同阅读一本书，定期举行讨论会，进行阅读心得的分享和交流；阅读游戏，通过游戏的形式，引导读者参与阅读，提升阅读的趣味性和参与度。

2. 读者参与度与互动活动效果的关联研究

互动式阅读推广活动的效果与读者的参与度密切相关。通过研究读者参与度和互动活动效果的关联，可以指导活动的设计和实施。因此，图书馆要分析读者对不同类型互动式推广活动的参与度。了解读者对不同类型活动的喜好和参与动机。评估读者参与度对互动活动效果的影响。通过调查问卷、访谈等方式，了解读者对活动的反馈和评价，评估活动的效果。研究提高读者参与度的因素。分析影响读者参与度的因素，如活动形式、时间安排、活动内容等。通过研究读者参与度和互动活动效果的关联，可以针对不同读者群体和活动类型，设计更具吸引力和参与度的互动式阅读推广活动。

3. 互动推广活动的策划与实施要点

在策划和实施互动式阅读推广活动时，需要注意，明确活动目标，确保活动能够达到预期效果。设计丰富多样的活动内容，以满足不同读者的需求。采用多种互动形式，激发读者的参与欲望。根据读者的时间习惯，合理安排活动时间。可以选择周末、晚上等读者空闲时间段进行活动。加强活动的宣传力度，提高读者的知晓度和参与意愿。可以通过图书馆官方网站、社交媒体等渠道进行宣传。及时收集读者的反馈意见，了解活动的改进空间和优化方向。通过合理策划和实施互动式阅读推广活动，可以提高读者的参与度和推广效果，激发读者对阅读的兴趣和热情，促进图书馆阅读推广工作的顺利进行。

（二）虚拟现实（VR）与增强现实（AR）在阅读推广中的应用

1.VR/AR 技术在阅读场景中的应用研究

VR/AR 技术以其独特的沉浸性和交互性，为阅读场景带来了革命性的变革。在公共图书馆的阅读推广中，可以利用 VR/AR 技术为读者创造一个更加生动、有趣的阅读环境。例如，通过 VR 技术，读者可以仿佛置身于书中的场景之中，与书中的人物进行互动，获得更加真实的阅读体验。AR 技术则可以在现实世界中叠加虚拟元素，为读者带来更加丰富多样的阅读方式。

2. 虚拟现实阅读体验的设计原则

在设计虚拟现实阅读体验时，需要遵循一定的设计原则。首先，要确保场景的逼真性和沉浸感，使读者能够完全沉浸在虚拟的阅读环境中。其次，要注重交互性和参与性，使读者能够与书中的内容进行互动，增强阅读的乐趣。最后，需要考虑阅读内容的适宜性和可读性，确保读者在虚拟环境中能够轻松地阅读和理解。

3.AR/VR 阅读推广工具的开发与测试

为了将 VR/AR 技术应用于阅读推广中，需要开发相应的阅读推广工具。这些工具应该具备简单易用、功能丰富、兼容性强等特点。在开发过程中，需要充分考虑用户的需求和反馈，不断优化和完善工具的功能和性能。同时，还需要进行严格的测试，确保工具的稳定性和安全性。

4. 用户体验与虚拟阅读推广效果的评估

为了了解 VR/AR 阅读推广的实际效果，需要对用户体验和虚拟阅读推广效果进行评估。这可以通过收集用户反馈、分析阅读数据、比较传统阅读与虚拟阅读的效果等方式进行。通过评估，可以了解用户对 VR/AR 阅读推广的接受程度和满意度以及虚拟阅读对读者阅读兴趣和阅读能力的提升程度。

在评估过程中，需要注意以下几个方面：首先，要关注用户的使用体验和反馈。用户的反馈是改进 VR/AR 阅读推广的重要依据。图书馆应该通过问卷调查、用户访谈等方式收集用户对虚拟阅读环境的满意度、对阅读工具的评价以及对虚拟阅读体验的建议等。这些反馈可以帮助图书馆了解用户的需求和偏好，从而调整和优化虚拟阅读环境的设计和功能。其次，要分析阅读数据的变化。图书馆可以通过对比传统阅读与虚拟阅读的数据，如阅读量、阅读时长、阅读速度等，来评估虚拟阅读推广的实际效果。如果虚拟阅读能够显著提高读者的阅读兴趣和阅读能力，那么说明 VR/AR 阅读推广是有效的。最后，要比较传统阅读与虚拟阅读的效果。除了阅读数据外，图书馆还可以通过其他方式来评估虚拟阅读的效果，如读者的阅读理解能力、阅读兴趣、阅读动机等。通过对比传统阅读与虚拟阅读在这些方面的表现，可以更加全面地评估 VR/AR 阅读推广的效果。虚拟现实（VR）与增强现实（AR）技术在公共图书馆阅读推广中的应用具有重要意义。通过深入研究 VR/AR 技术在阅读场景中的应用、设计虚拟现实阅读体验的原则、开发与测试 VR/AR 阅读推广工具以及评估用户体验与虚拟阅读推广效果等方式，图书馆可以不断创新阅读推广方式和手段，提升读者的阅读体验和阅读兴趣，推动全民阅读活动的深入开展。

（三）移动应用和智能硬件辅助的阅读体验

1. 移动应用辅助阅读的功能设计

移动应用辅助阅读是公共图书馆阅读推广中一种重要的创新推广方式。在设计移动应用的功能时，需要考虑满足用户的阅读需求，提供便捷的阅读体验，并通过个性化推荐等功能提高用户的参与度和忠诚度。首先，移动应用可以提供电子书借阅和阅读功能。用户可以通过此应用直接借阅电子书，并在手机上或平板电脑上进行阅读。这种方式不仅方便用户随时随地阅读，还能避免传统纸质图书的存储和携带问题。其次，移动应用可以提供图书馆藏品搜索和定位功能。用户可以通过此应用搜索所需的图书、期刊等信息，并查找它们在图书馆中的具体位置，这样用户就可以方便地找到所需的阅读资料，节省了查找的时间和精力。此外，移动应用还可以提供个性化的推荐功能。通过分析用户的阅读记录和偏好，可以推荐适合用户的图书和文章，提供个性化的阅读推荐。这种推荐功能可以帮助用户发现新的阅读内容，提高用户的阅读体验和参与度。另外，此应用可以记录用户的阅读进度和阅读时间，生成阅读计划和目标。用户可以设置自己的阅读目标，并通过此应用追踪自己的阅读情况。这种功能可以帮助用户更好地管理阅读时间和任务，提高阅读的效率和成果。最后，移动应用还可以提供社交分享功能。用户可以与其他读者分享阅读心得和推荐，增加阅读的互动性和趣味性。这种社交分享功能可以扩大阅读的影响力，促进读者之间的交流和合作。通过移动应用辅助阅读的功能设计，公共图书馆可以提供更加便利和个性化的阅读体验。这种创新的推广方式可以吸引更多的用户参与阅读，提高阅读的普及率和影响力，在推广阅读文化方面发挥积极作用。

2. 智能硬件在阅读推广中的运用探讨

智能硬件在公共图书馆阅读推广中有着广泛的运用潜力。智能硬件如智能眼镜、智能手环等可以为用户提供更智能、便捷的阅读体验，并促进阅读的参与和互动。其中，一种智能硬件是智能眼镜。通过智能眼镜，用户可以边阅读边查看相关资料和注释，不必频繁切换视觉焦点。智能眼镜可以提供实时的文字翻译、词典查询等功能，帮助用户更好地理解和记忆所阅读的内容。此外，智能眼镜还可以根据用户的阅读进度和喜好，实时生成个性化的阅读推荐，提供精准的阅读指导。另一种智能硬件是智能手环。智能手环可以监测用户在阅读过程中的眼部疲劳和阅读时间等数据，并提醒用户及时休息和调整阅读姿势，保护用户的视力和健康。智能手环还可以与移动应用相配合，共享阅读数据和推荐信息，提供更加智能化的阅读体验。智能硬件的运用不仅可以提高用户的阅读体验，还可以为图书馆提供更好的服务品质。通过智能硬件，图书馆可以实时追踪用户的阅读行为和偏好，并基于此提供个性化的服务和推荐。图书馆可以通过分析用户的阅读数据，了解用户的需求和偏好，优化图书馆的藏书选择和阅读推广策略，为用户提供更加符合其需求的阅读资源。

3. 阅读辅助应用的用户反馈与改进策略

为了保证阅读体验的不断改进，公共图书馆应该积极收集用户的反馈和意见，根据用户的需求进行相应的改进和优化。一种收集用户反馈和改进的策略是定期进行用户调研。公共图书馆可以定期开展问卷调查或组织用户讨论会，了解用户对移动应用和智能硬件的使用体验和意见。通过用户调研，图书馆可以了解用户对阅读辅助应用的满意度、使用难点和需求，有针对性地改进应用的功能和设计。此外，图书馆还可以与用户进行互动和反馈。图书馆可以设置反馈通道，让用户随时提出问题和建议，并积极回应用户的反馈。图书馆可以及时修复应用中的漏洞，解决用户遇到的问题，并根据用户的需求进行应用的升级和改进。图书馆还可以通过个性化的服务和推荐，回应用户的反馈和需求。通过分析用户的阅读数据和喜好，图书馆可以提供个性化的阅读推荐和服务。通过提供用户感兴趣的图书、相关的阅读活动以及定制化的阅读计划，图书馆可以提高用户的满意度和参与度。通过持续收集用户的反馈和意见，并根据用户的需求进行改进和优化，公共图书馆可以提供更加符合用户需求的阅读体验。用户的反馈不仅可以帮助图书馆改善应用的功能和设计，还可以增加用户的参与和认同，提高阅读推广的效果和影响力。

（四）品牌合作与公益活动策划

1. 品牌合作的价值与选择标准

品牌合作是公共图书馆阅读推广的一种重要方式。通过与知名品牌合作，图书馆可以借助品牌的影响力，扩大自身的知名度，吸引更多的读者。同时，品牌合作也可以为图书馆带来资金和资源的支持，推动图书馆事业的发展。

在选择合作品牌时，图书馆需要明确自身的定位和需求，选择与自己形象相符、具有社会责任感的品牌。这样的品牌不仅能够为图书馆带来正面的宣传效果，还能够与图书馆共同推动公益事业的发展。

2. 品牌合作项目的策划与管理

品牌合作项目的策划是确保合作成功的关键。图书馆需要与合作品牌共同制定合作方案，明确合作的目标、内容、形式等。在策划过程中，图书馆需要充分发挥自身的专业优势，结合读者的需求和兴趣，打造具有吸引力的阅读推广活动。

同时，项目的管理也是至关重要的。图书馆需要建立完善的合作机制，明确双方的责任和权利，确保合作项目的顺利进行。在项目执行过程中，图书馆还需要与合作品牌保持密切的沟通，及时解决问题，确保项目的顺利推进。

3. 公益活动在阅读推广中的作用与设计

公益活动是公共图书馆阅读推广的另一种重要方式。通过举办各种公益活动，如捐书活动、阅读讲座、阅读分享会等，图书馆可以吸引更多的读者参与阅读，提高读者的阅读兴趣和阅读能力。在设计公益活动时，图书馆需要紧密结合自身的特点和优势以及读者的需求和兴趣。同时，图书馆还需要注重活动的创新性和趣味性，以吸引更多的读者参与。此外，图书馆还需要充分利用各种媒体和渠道，对公益活动进行广泛的宣传和推广，提高活动的知名度和影响力。通过不断的努力和创新，图书馆可以打造出一系列具有影响力的公益活动，推动全民阅读事业的发展。

第五章

公共图书馆阅读推广策略的评估与反馈

一、策略评估的重要性

（一）策略评估的定义和意义

策略评估在公共图书馆阅读推广中具有重要意义。它是一种系统地收集和分析数据的方法，用于评估阅读推广活动的实施效果，以便图书馆能够及时调整和优化策略，提高阅读推广活动的质量和影响力。通过评估，图书馆可以了解活动的效果，发现存在的问题和不足，进而调整和优化策略，提高资源的利用效率，实现资源的合理配置，并确保活动目标的实现。通过评估，图书馆可以了解活动的参与人数、阅读量、反馈等数据，从而了解活动的实际效果。图书馆可以了解哪些资源得到了充分利用，哪些资源需要进一步优化，以实现资源的合理配置。根据评估结果，图书馆可以发现存在的问题和不足，进而调整和优化阅读推广活动的策略，提高活动的质量和影响力。通过评估，图书馆可以了解活动是否达到了预期的目标，为制定新的阅读推广活动提供参考和依据。策略评估是公共图书馆阅读推广的重要组成部分，有助于图书馆了解活动的效果，优化资源配置，提高阅读推广活动的质量和影响力。同时，它也是图书馆改进和提升服务水平的重要手段。

（二）策略评估在公共图书馆阅读推广中的作用

策略评估在公共图书馆阅读推广中的作用至关重要，它通过系统地收集和分析数据，对阅读推广活动的实施效果进行评估，从而为图书馆优化阅读推广策略提供依据，进一步提高阅读推广活动的质量和影响力。具体而言，策略评估在公共图书馆阅读推广中的作用主要体现在以下方面：首先，通过评估，图书馆可以了解活动的效果，发现存在的问题和不足，进而调整和优化策略，使之更符合读者的需求和期望；其次，评估可以帮助图书馆了解哪些资源得到了充分利用，哪些资源需要进一步优化，以实现资源的合理配置；再次，评估结果还可以为图书馆提供改进阅读推广活动的机会，进一步提升活动的效果和质量；最后，通过评估，图书馆可以了解活动对读者的吸引力，从而调整活动形式和内容，提升阅读推广的效果。总之，策略评估是公共图书馆阅读推广的重要组成部分，有助于图书馆及时调整和优化策略，提高阅读推广活动的质量和影响力。因此，重视和做好公共图书馆阅读推广策略的评估与反馈工作具有重要意义。

（三）当前公共图书馆阅读推广策略评估的现状与问题

当前公共图书馆阅读推广策略评估的现状与问题主要表现在：第一，评估体系不够完善。许多公共图书馆在评估阅读推广策略时，往往缺乏一套科学、完整的评估体系，使得评估结果的客观性和准确性受到一定程度的影响。此外，评估指标不够细化，难以全面反映阅读推广活动的效果，从而限制了评估结果的参考价值。第二，评估方法不够多样。目前，公共图书馆在评估阅读推广策略时，往往过于依赖量化指标，如活动参与人数、图书借阅量等，而忽视了质性评价，如读者反馈、活动影响等。这种单一的评估方法难以全面、准确地反映阅读推广活动的实际效果。第三，评估过程缺乏持续性。在很多公共图书馆中，阅读推广策略的评估往往是一次性的，只在活动结束后进行一次总结，而忽视了评估过程的持续性。这意味着图书馆在评估过程中难以发现并及时调整活动中出现的问题，从而影响阅读推广活动的整体效果。第四，评估结果的利用不够充分。评估结果本应为图书馆改进阅读推广策略提供重要依据，但在实际操作中，评估结果的利用程度往往不高。部分图书馆对评估结果缺乏关注，未能根据评估结果调整策略，使得评估过程变得形式化。第五，评估与反馈机制不健全。在公共图书馆阅读推广活动中，缺乏有效的评估与反馈机制，使得图书馆在活动中难以了解读者的真实需求和满意度。这导致图书馆在制定和调整阅读推广策略时，缺乏针对性。

二、评估指标的选择和制定

（一）评估指标体系构建的原则

评估指标是评估公共图书馆阅读推广策略有效性的关键因素之一。构建科学合理的评估指标体系，对于准确评估阅读推广活动的效果和提供有价值的反馈具有重要意义。评估指标体系应与阅读推广活动的目标密切相关。具体来说，评估指标应能够全面、准确地衡量阅读推广活动是否达到了既定的目标，从而反映出活动的有效性。评估指标体系应涵盖多个维度，综合反映阅读推广活动的效果。例如，可以从参与人数、图书借阅量、读者反馈、活动的影响力等多个层面进行评估，以获得更全面的评估结果。评估指标应具有可操作性，即能够通过量化或可观测的方式进行测量和评估。评估指标应具备明确的定义和度量方式，以保证评估的准确性和客观性。评估指标应具备可比性，以方便图书馆进行横向和纵向的比较。只有具备可比性的指标，才能帮助图书馆了解活动的改进空间，从而制定更具针对性的策略。评估指标体系应具备可持续性，能够长期稳定地进行评估，以便图书馆能够持续改进和优化阅读推广策略。评估指标应该是可重复使用的，以确保评估结果的可比较性和连续性。构建评估指标体系需要充分考虑图书馆的实际情况和目标，结合具体的阅读推广活动内容，制定合适的指标。同时，还需特别关注每个指标的权重设置，根据活动的重要性和目标的优先级来确定相应指标的权重。此外，在构建评估指标体系的过程中，图书馆还应积极借鉴和参考国内外公共图书馆的最佳实践情况，以得到更科学、有效的评估指标体系。

（二）常见评估指标的分类与解释

在阅读推广策略的评估过程中，选择合适的评估指标是至关重要的。这些指标不仅能够帮助我们全面了解活动的各个方面，还能为未来的策略制定提供有力的数据支持。常见的评估指标可以分为以下几类：首先是参与度指标，这主要包括活动参与人数、参与频率和活跃度等。这些指标能够直观地反映读者对阅读推广活动的兴趣和参与度，是评估活动成功与否的基础。其次是效果指标，包括阅读量的增加、阅读时长的延长、阅读种类的拓宽等。这些指标能够衡量活动对读者阅读行为和习惯的影响，是评估活动效果的重要依据。再次是质量指标，如活动内容的创新性、实用性以及活动组织的流畅性和满意度等。这些指标能够反映阅读推广活动的质量和水平，是评估活动价值的关键。最后是效率指标，包括活动的投入产出比、人均参与成本等。这些指标能够衡量活动的经济效益和效率，对于优化资源配置、提高活动效率具有重要意义。在制定具体评估指标时，还需要根据图书馆的实际情况和目标读者的特点进行选择和调整。同时，要注意指标的可操作性和可量化性，确保评估结果的客观性和准确性。通过综合运用这些评估指标，我们可以全面、客观地评估阅读推广策略的效果，为未来的策略制定提供有力支持。

（三）评估指标的选择标准与流程

公共图书馆阅读推广策略的评估与反馈中，评估指标的选择和制定是至关重要的。评估指标的选择标准要做到：指标要清晰明确，能够被准确测量和定义。指标要稳定可靠，能够经受住重复检验的考验。指标要能够反映阅读推广活动的实际效果，具有有效性。指标要易于使用，方便数据收集和操作。评估指标的制定流程要做到明确阅读推广活动的目标和目的，这是制定评估指标的基础，有助于确定合适的评估指标。通过收集相关数据和文献，了解现有评估指标的使用情况和效果，为制定评估指标提供参考。根据活动目标和目的，初步制定评估指标，并进行测试和修改。邀请相关领域的专家和图书馆工作人员进行讨论，对评估指标进行评估和修改，以确保其合理性和可行性。在充分讨论和修改后，确定最终的评估指标，并进行试运行和调整。通过以上流程，可以确保选择的评估指标具有明确性、可靠性、有效性和易用性，能够全面、准确地反映阅读推广活动的实际效果，并为图书馆优化阅读推广策略提供有力支持。

（四）评估指标的权重分配与评分方法

在公共图书馆阅读推广策略评估中，权重分配与评分方法同样关键。权重分配是指根据各项评估指标的重要性和影响力，赋予其相应的权重值。这些权重值能够体现不同指标在评估中的相对重要性，从而影响最终的评估结果。评分方法则是指根据评估指标的具体内容和标准，采用合适的评分标准和工具，对活动进行客观、公正的评分。权重分配通常基于专家意见、读者调查或数据分析等方法来确定。例如，对于参与度指标，由于其直接反映了读者的参与情况和活动的影响力，可能会赋予较高的权重；而对于效果指标，由于其直接衡量了活动对读者阅读行为和习惯的影响，同样需要给予足够的重视。评分方法的选择则需要根据评估指标的具体性质和要求来确定。对于定量指标，如参与人数、阅读量等，可以采用简单的数值统计和比较来进行评分；而对于定性指标，如活动内容的创新性、实用性等，则需要采用更加主观和灵活的方法，如专家评审、读者调查等来进行评估。通过合理的权重分配和科学的评分方法，我们可以更加全面、客观地评估公共图书馆阅读推广策略的效果，从而为未来的策略制定提供有力的数据支持。同时，这也能够帮助图书馆更好地了解读者的需求和期望，优化活动内容和形式，提高活动的影响力和吸引力。

三、反馈机制的建立和运用

（一）反馈机制的定义与功能

反馈机制是公共图书馆阅读推广策略评估与反馈中的关键要素。它是指图书馆通过收集、整理、分析读者对阅读推广活动的意见和建议，以了解活动效果和存在的问题，并根据反馈进行调整和改进的一种机制。通过建立和运用反馈机制，公共图书馆可以实现以下功能：首先，反馈机制可以帮助图书馆了解读者的需求和期望，以便更好地满足他们的需求，提高阅读推广活动的参与度和满意度。其次，通过收集读者对活动的意见和建议，图书馆能够及时了解活动存在的问题和不足，并采取相应的措施进行改进，从而提高活动的质量。此外，反馈机制还可以为图书馆制定更科学合理的阅读推广策略提供依据，从而更好地实现活动目标，提高策略的有效性。再次，建立良好的反馈机制能够加强图书馆对阅读推广活动的管理，加强对活动的监控和评估，确保活动顺利进行。最后，反馈机制有助于图书馆了解读者对服务的需求和期望，从而提供更优质的服务，提升服务品质，增强读者的忠诚度和满意度。通过建立和运用反馈机制，公共图书馆能够全面了解读者对阅读推广活动的意见和建议，及时发现问题并做出调整，从而不断提升阅读推广活动的质量和效果。建立反馈机制需要包括多种渠道，如在线调查问卷、面对面访谈、意见箱等形式，以便满足不同读者的反馈方式和需求。同时，图书馆还需要完善反馈处理的流程和机制，确保读者的反馈能够得到及时、有效的回应，并在必要时进行适当的改善和调整。建立和运用反馈机制对于公共图书馆阅读推广策略的评估与反馈具有重要意义，能够提高活动的质量和参与度，满足读者的需求，实现目标和提升服务品质。

（二）公共图书馆阅读推广反馈机制的类型与特点

公共图书馆阅读推广的反馈机制是评估策略效果后，将结果转化为实际行动的关键环节。反馈机制的类型与特点直接决定了图书馆能否及时、准确地了解活动效果，从而调整和优化未来的推广策略。常见的反馈机制类型包括直接反馈和间接反馈。直接反馈通常来源于读者调查、读者建议箱、线上问卷、与读者面对面地交流等方式，能够直接获取读者对阅读推广活动的真实感受和意见。这种反馈机制的特点在于其直接性、实时性和针对性，能够帮助图书馆快速了解活动效果，及时做出调整。间接反馈则主要通过数据分析、社交媒体互动、图书馆借阅量等渠道获得。例如，通过分析图书馆借阅量的变化，可以间接判断某次推广活动的影响力；社交媒体上的用户评论和转发也能为图书馆提供读者对活动的态度和反应。间接反馈机制的特点在于其客观性、广泛性和长期性，能够帮助图书馆从宏观和长远的角度审视推广活动的效果。综合应用直接和间接反馈机制，公共图书馆能够建立起一个全面、立体的反馈体系。这样的体系不仅能够让图书馆及时了解到推广活动的效果和不足，还能为未来的策略制定提供宝贵的数据和支持。

（三）反馈机制的建立步骤与实践案例

建立有效的反馈机制是公共图书馆阅读推广策略中的重要一环。这个过程通常需要经过以下步骤：第一，明确反馈的目的和目标，确保机制建立的方向性明确。第二，选择适合的反馈收集方法，确保能够全面、准确地收集到读者的反馈信息。同时，设计合理的反馈问卷或调查表，使其既能够涵盖关键信息，又方便读者填写和提供建议。在收集到反馈信息后，图书馆需要建立有效的信息处理和分析机制，对收集到的数据进行整理、分析和解释。这包括利用数据分析工具进行量化分析以及通过文本挖掘等方法提取读者的意见和建议。通过对反馈信息的深入剖析，图书馆能够了解读者对阅读推广活动的真实感受和需求，为后续的策略调整提供依据。第三，图书馆需要制订具体的反馈响应计划，明确针对不同类型的反馈应采取的措施和行动。例如，对于读者提出的改进建议，图书馆可以制定具体的改进方案并付诸实施；对于读者的投诉或不满，图书馆则需要及时回应并解决问题。第四，建立反馈跟踪机制，确保响应计划的执行和效果评估。

在实践案例中，某公共图书馆在阅读推广活动后，通过线上问卷和读者座谈会收集到了大量反馈信息。经过分析，图书馆发现部分推广活动的内容与读者兴趣不符，导致参与度不高。针对这一问题，图书馆及时调整了推广策略，增加了与读者兴趣更加契合的活动内容。经过一段时间的实施，该图书馆的阅读推广活动取得了显著成效，读者满意度大幅提升。这一案例充分展示了建立有效反馈机制对于公共图书馆阅读推广策略优化的重要性。

（四）反馈机制在公共图书馆阅读推广中的应用与效果

反馈机制在公共图书馆阅读推广中具有重要的应用价值，能够为图书馆提供及时、准确的信息，帮助图书馆了解读者需求、提高服务质量、优化活动策略。以下是反馈机制在公共图书馆阅读推广中的应用与效果。通过读者对阅读推广活动的意见和建议，图书馆可以了解读者对活动内容、形式、服务等方面的需求和期望，从而更好地满足读者的需求，提高活动的参与度和满意度。同时，反馈机制还可以帮助图书馆了解读者对服务的反应和满意度，从而及时发现和解决服务中存在的问题，提高服务质量。通过收集读者对活动的意见和建议，图书馆可以了解活动存在的问题和不足，从而及时进行调整和改进，提高活动的质量和效果。同时，反馈机制还可以帮助图书馆了解读者对活动策略的需求和期望，从而制定更科学合理的策略，提高策略的有效性。反馈机制可以帮助图书馆提高服务质量。通过收集读者对服务的需求和期望，图书馆可以发现和解决服务中存在的问题，提高服务质量。同时，反馈机制还可以帮助图书馆了解读者对服务的反应和满意度，从而进一步改进和提升服务品质，提高读者的忠诚度和满意度。在实际应用中，反馈机制的效果非常显著。通过建立反馈机制，公共图书馆可以及时了解读者需求，提高服务质量，优化活动策略，从而提高活动的参与度和满意度。同时，反馈机制还可以帮助图书馆建立良好的公众形象，提高社会声誉。因此，反馈机制在公共图书馆阅读推广中具有重要的应用效果。

（五）如何利用反馈信息优化公共图书馆阅读推广策略

利用反馈信息优化公共图书馆阅读推广策略是一个重要而复杂的过程，需要系统性的分析和策划。图书馆需要建立适当的反馈渠道，如意见箱、在线调查问卷、社交媒体互动等，以便读者能够方便地提供反馈。收集到的反馈信息需要经过整理和分类，以便后续的分析和评估。对收集到的反馈信息进行仔细分析，确定其中的关键问题和趋势。重点关注读者的需求、意见、建议以及对活动效果的评价等方面的内容。通过分析，可以确定活动存在的问题，并找到优化策略的方向。将反馈信息分享给相关的图书馆工作人员、阅读推广团队以及其他相关方，进行深入的讨论和交流。通过这样的沟通和合作，可以进一步理解读者的需求和期望，获取多方面的意见和建议，为优化策略提供更全面的视角。基于分析和讨论的结果，制定具体的调整策略。这些调整可以是针对活动内容、形式、推广渠道、服务方式等方面的改进。制定调整策略时，应确保调整具有可行性，并与图书馆的整体发展目标相一致。将制定的调整策略付诸实施，并跟踪其效果。通过在实践中进行试验和观察，了解调整策略的影响，并根据实际情况进行必要的修正和优化。在调整策略实施过程中，继续收集和分析读者的反馈信息。这将为图书馆提供持续的反馈信息，以便及时调整策略、改进活动，并不断提高阅读推广活动的效果和质量。总之，利用反馈信息优化公共图书馆阅读推广策略是一项复杂的过程，需要系统性的分析和策划。通过收集、整理和分析读者的反馈信息，与相关方进行讨论和交流，制定具体的调整策略，并不断收集和分析反馈信息，公共图书馆能够有效地优化阅读推广策略，提高活动的效果和质量，更好地满足读者的需求和期望。

第六章

公共图书馆阅读推广策略优化的限制与挑战

一、资金和资源的限制

（一）当前资金投入与需求之间的差距对阅读推广活动的影响

公共图书馆通常是由政府资助的公益性机构，资金来源相对有限。在阅读推广活动中，图书馆需要投入大量的人力、物力和财力，包括场地租赁、设备购置、宣传推广、活动组织等费用。然而，由于资金投入与需求之间的差距，图书馆在阅读推广方面的投入往往难以满足读者的需求，导致活动质量和效果受到一定的影响。一方面，图书馆在场地和设备方面的投入有限，难以满足读者多样化的阅读需求。例如，一些图书馆缺乏足够的阅读空间和舒适的座椅，难以吸引读者长时间阅读；一些图书馆缺乏现代化的阅读设备，如电子书借阅机、自助借还机等，导致读者无法方便地借阅和归还图书。另一方面，图书馆在宣传推广方面的投入也受到限制。由于资金有限，图书馆往往难以投入足够的资源进行宣传推广，导致活动知晓度不高，参与度较低。此外，图书馆在活动组织方面也存在一定的难度，由于人手不足和专业性不强，难以确保活动的质量和效果。

（二）资源分配不均衡对阅读推广活动的影响

在一些地区，公共图书馆的资源分配存在不均衡的情况，这会对阅读推广活动产生一系列的影响。一方面，在资源供给方面，一些地区的图书馆由于无法购买到足够多的新书籍和期刊，从而无法及时更新馆藏。这会限制读者的选择范围，降低阅读推广活动的吸引力和参与度。另一方面，一些地区的图书馆场地有限，无法提供足够的阅读区域和环境，限制了读者舒适阅读的条件。在资源需求方面，一些地区的读者对于阅读推广活动的需求较高，但由于资源分配不均，无法得到足够的满足。例如，一些偏远地区或贫困地区的图书馆往往无法提供丰富的阅读推广活动，无法满足读者多样化的阅读需求。这会导致这些地区的读者在阅读推广方面的机会相对较少，进一步加剧阅读失衡的现象。

（三）资金筹措与资源整合的创新思路

公共图书馆阅读推广策略优化的限制与挑战之一是资金和资源的限制。在资金筹措方面，公共图书馆需要积极寻求多元化的资金来源和资源支持，以克服资金和资源的限制。除了争取政府的财政拨款，图书馆可以尝试与企业、社会组织、学校等机构合作，共同开展阅读推广活动。此外，图书馆可以通过筹款、募捐等方式吸引社会各界的支持，拓宽资金来源。在资源整合方面，公共图书馆可以加强与其他图书馆、学校、社区等机构的合作，实现资源共享和优势互补。通过合作，图书馆可以共同采购图书资源，共享数字化阅读平台，共同开展阅读推广活动，提高资源利用率和服务质量。此外，图书馆还可以探索数字化阅读推广模式，利用互联网和移动终端等新兴技术，扩大阅读推广的影响力和受众范围。

除了资金筹措和资源整合的创新思路，公共图书馆还可以积极探索创新性的阅读推广方式和方法。例如，图书馆可以开展多元化的阅读推广活动，如线上阅读分享会、亲子阅读活动、讲座论坛等，以满足不同读者的需求。此外，图书馆还可以利用社交媒体、网络直播等新兴媒体手段，提高活动的参与度和知晓度。公共图书馆在资金筹措和资源整合方面需要积极创新思路，加强与其他机构的合作和资源共享，探索数字化阅读推广模式等手段，以提高阅读推广活动的质量和效果。同时，公共图书馆也需要关注读者的需求和反馈，不断优化阅读推广策略，提高读者的满意度和参与度。

二、观念和意识的转变

（一）传统阅读观念对现代阅读推广的挑战

传统的阅读观念往往注重纸质图书的阅读，而现代阅读推广则需要改变这一观念，让更多的人意识到数字化阅读、移动阅读等新兴阅读方式的重要性。一方面，传统的阅读观念往往强调阅读的深度和专注度，而现代阅读推广则需要注重阅读的广度和多样性。数字化阅读和移动阅读可以让读者更加方便地获取各类图书资源，打破传统阅读时间和空间的限制，为读者提供更加灵活的阅读方式。然而，这也需要读者转变传统阅读习惯，学会如何高效地利用碎片化时间进行阅读，如何通过移动设备获取图书资源以及如何合理利用数字化阅读平台进行深度阅读。另一方面，传统的阅读观念往往强调个人的独立阅读，而现代阅读推广则需要注重阅读的社交性和互动性。数字化阅读和移动阅读可以促进读者之间的交流和互动，让读者能够分享自己的阅读体验和心得，同时也可以通过与其他读者的交流获得更多的启发和收获。因此，公共图书馆在开展阅读推广活动时，需要注重读者的社交需求，通过举办多样化的互动活动来吸引读者的参与。

（二）公众阅读需求多样化与服务模式的更新

在当前信息化社会，公众的阅读需求日益多样化，这为公共图书馆的阅读推广工作带来了新的挑战。首先，公众的阅读需求不再仅仅局限于传统的纸质图书，还包括电子图书、音频图书等多种形式。这就要求公共图书馆在资源建设方面进行调整，采购更多种类型的图书资源，以满足不同读者的需求。其次，公众对于阅读的内容和形式也有更多的要求，他们渴望阅读到更具深度和广度的图书，希望图书馆能够提供更多元化的阅读体验。因此，公共图书馆在阅读推广策略优化过程中，需要关注到这些变化，不断创新服务模式，提升服务水平。一方面，公共图书馆可以利用现代技术，如数字化、科技化等，提供更多样化的阅读服务。例如，通过建设电子图书馆、移动图书馆等方式，让读者能够在任何时间、任何地点都能够方便地获取图书资源。同时，图书馆还可以通过举办各类线上线下活动，激发读者的阅读兴趣，提升他们的阅读体验。另一方面，公共图书馆还需要在阅读推广中注重个性化服务，根据不同读者的需求提供有针对性的服务。例如，通过阅读推荐、阅读指导等方式，帮助读者找到适合自己的阅读内容，从而提升他们的阅读效果。

然而，要想实现这些服务模式的更新，公共图书馆还面临着一系列的限制和挑战。首先，图书馆的经费投入不足，制约了其服务模式的更新。当前，公共图书馆的经费主要来源于政府拨款，而政府对于图书馆的投入有限，这使得图书馆在购买新书、更新设备等方面存在较大的压力。其次，图书馆的专业人才短缺，也影响了服务模式的更新。在新的服务模式下，公共图书馆工作人员需要具备一定的技术能力和专业知识，才能够提供高效、便捷的服务。然而，目前图书馆的人员队伍中，具备这些能力的人才相对较少。最后，图书馆的服务理念也需要转变，要从传统的"藏书楼"观念转变为"阅读推广者"的角色，这需要图书馆工作人员在思想意识上进行深刻的转变。公众阅读需求多样化与服务模式的更新，是公共图书馆阅读推广策略优化过程中需要关注的重要问题。公共图书馆要在有限的条件下，不断创新服务模式，提升服务水平，以满足广大读者的需求。同时，政府和社会各界也要给予图书馆更多的支持和关注，共同推动我国公共图书馆事业的发展。

（三）图书馆工作人员职业素养提升与创新能力培养

图书馆工作人员作为图书馆服务的直接提供者，他们的职业素养和创新能力将直接影响图书馆的服务水平和阅读推广的效果。首先，图书馆工作人员的职业素养提升是必不可少的。这包括图书馆学专业知识、信息技术应用能力、读者服务技巧等多个方面。只有具备了这些基本素质，图书馆工作人员才能更好地为读者提供服务，满足他们的阅读需求。其次，图书馆工作人员的创新能力培养也是非常重要的。在信息化、数字化时代，公共图书馆的阅读推广工作需要不断创新，寻求新的推广方式和手段。图书馆工作人员应该具备创新意识，不断探索新的服务模式和方法，以提升阅读推广的效果。然而，目前图书馆工作人员的职业素养和能力还存在一些不足。一些图书馆工作人员缺乏现代图书馆学专业知识，对新技术、新设备的掌握和应用能力也有待提高。同时，一些图书馆工作人员的服务意识和服务态度也需要加强，以提升读者的满意度。公共图书馆需要加强图书馆工作人员的培训和教育，提高他们的职业素养和能力。例如，可以定期组织专业培训、技能竞赛等活动，以提高图书馆工作人员的专业水平和服务能力。此外，公共图书馆还可以通过引进高素质人才、加强馆际交流等方式，不断优化图书馆工作人员队伍，提高整个图书馆的服务水平。图书馆工作人员职业素养提升与创新能力培养是公共图书馆阅读推广策略优化过程中必须关注的重要问题。只有不断提高图书馆工作人员的职业素养和能力，才能更好地为读者提供服务，实现阅读推广的目标。

三、市场竞争和用户需求变化

（一）数字阅读与传统阅读的市场竞争

相比于传统纸质图书，数字阅读具有便捷、快速和多样化的特点，用户可以通过各种电子设备随时随地阅读喜爱的图书、杂志和报纸，而不必担心空间和负重的限制。因此，数字阅读与传统阅读直接展开了市场竞争。越来越多的图书馆用户转向数字阅读，选择在数字平台上借阅图书，而不再选择传统纸质图书。公共图书馆需要面对数字阅读平台提供的海量资源和便捷服务以及用户在数字平台上可以更快捷地互动和分享的特性。一方面，传统图书馆由于收纳能力和空间限制，无法提供像数字阅读平台那样丰富的电子资源和多样化的阅读体验，用户可能更愿意选择数字平台。另一方面，数字阅读提供更多的选择和便利性，用户可以自主选择和定制自己的阅读内容，借阅量可能有所减少。此外，数字阅读对图书馆推广阅读的方式和手段提出了新的要求。公共图书馆需要将传统的纸质阅读与数字阅读相结合，通过数字平台提供的各种工具和服务，更好地满足用户的需求。例如，公共图书馆可以与数字阅读平台合作，提供电子图书的借阅和推广活动，通过线上交流和分享的方式吸引更多的读者参与。然而，数字阅读与传统阅读之间的市场竞争并非单向的，还存在着一些限制和挑战。首先，数字阅读需要相应的硬件设备和网络环境支持，这对一些经济条件较差且缺乏数字阅读素养的读者来说可能存在一定门槛。其次，数字阅读平台上的内容质量和版权问题也是公共图书馆需要面对的挑战，如何提供可信、优质的数字阅读资源是一个亟待解决的问题。数字阅读与传统阅读之间的市场竞争给公共图书馆阅读推广策略优化带来了限制和挑战。公共图书馆需要积极应对数字阅读平台的崛起，提供更多的数字化服务和创新的阅读体验，以满足现代读者的需求并保持竞争力。同时，公共图书馆也需要关注数字阅读的发展趋势和用户需求的变化，及时调整和优化阅读推广策略，以保持公共图书馆的核心地位和影响力。

（二）年轻用户群体阅读习惯的特点与引导策略

随着社会的变迁和科技的进步，年轻用户对阅读的需求和习惯也在发生变化。与传统的纸质阅读相比，年轻用户更喜欢使用数字设备进行阅读，如平板电脑、手机等。他们习惯于随时随地通过数字平台获取信息和阅读内容，不再像传统阅读那样局限于特定的时间和空间。年轻用户群体阅读习惯的特点决定了公共图书馆在阅读推广中面临的挑战和限制。首先，年轻用户倾向于多媒体互动的阅读体验。传统纸质图书无法满足他们对多样化、丰富性和互动性的需求。公共图书馆需要通过数字阅读平台提供更多的多媒体资源，如音频、视频和互动游戏，以吸引年轻用户的参与和兴趣。年轻用户倾向于获取短小精悍的信息和内容。他们习惯于快速浏览和阅读摘要式的文章，对于长篇大论的内容可能会产生厌倦感。公共图书馆可以通过提供更多的短篇文章、微文化和时事热点等内容，满足年轻用户碎片化阅读的需求。此外，社交媒体的流行也对年轻用户的阅读习惯产生了影响。年轻用户喜欢通过社交平台分享和交流阅读经验，通过点赞、评论等方式参与到阅读活动中。公共图书馆可以利用社交媒体的影响力，通过与年轻用户的互动和分享，增加阅读活动的曝光率和参与度。然而，公共图书馆在引导年轻用户群体的阅读习惯时也面临一些限制和挑战。年轻用户更倾向于获取免费和便捷的阅读资源，对于图书馆的借阅流程和时间限制可能产生不满和障碍。公共图书馆需要在平衡用户需求和资源限制的基础上，提供更加灵活和便利的服务，如增加借阅期限、提供电子图书和在线阅读等，以适应年轻用户的阅读习惯。年轻用户群体的阅读习惯与传统阅读有所不同，这给公共图书馆阅读推广策略优化带来了一定的限制和挑战。公共图书馆需要通过数字化服务和多媒体资源来满足年轻用户的需求，同时提供更加灵活和便捷的借阅方式，以吸引年轻用户的参与和兴趣。只有与时俱进，适应年轻用户的阅读习惯，公共图书馆才能在阅读推广中取得更大的成功。

（三）用户个性化服务需求与图书馆服务创新

　　用户个性化服务需求的出现需要公共图书馆提供更加细致和多样的服务。传统的图书馆服务主要面向大众读者，图书的选择和服务也是相对通用的。而现在的用户需求更加个性化和多样化，他们希望图书馆能够根据自身的需求来提供定制化的服务。比如，一些用户可能希望图书馆能够提供更加专业化的图书推荐和阅读指导，或者是针对特定职业或兴趣爱好的读物推荐。这就对图书馆工作人员的专业素质和服务能力提出了更高的要求。另一方面，用户个性化服务需求的出现也需要公共图书馆与其他机构和平台进行合作。现在，用户获取信息和阅读的渠道已经不再局限于图书馆，互联网和各种数字平台也提供了大量的图书和阅读资源。为了满足用户的个性化需求，公共图书馆需要与这些机构和平台进行合作，共享资源和服务。比如，公共图书馆可以与电子书供应商进行合作，为用户提供更加多样化和便捷的阅读方式；或者与在线学习平台合作，为用户提供更加丰富的学习资源和学习指导。这就对图书馆的资源整合能力和合作能力提出了更高的要求。然而，用户个性化服务需求的出现也带来了一些挑战和限制。由于用户需求的多样性和个性化，图书馆需要投入更多的人力和物力来提供相应的服务。比如，为了提供个性化的图书推荐服务，图书馆需要雇用更多的图书馆工作人员，并且需要投入更多的资源来购买和维护不同类型的图书和数字资源。这对于一些资源有限的公共图书馆来说，可能是一个挑战。另外，用户个性化服务需求的变化也需要图书馆不断进行创新和变革。公共图书馆需要与时俱进，关注用户需求的变化，不断改进和创新服务模式。然而，创新并不是一件容易的事情。图书馆往往存在着一些传统的规章制度和管理体系，这可能会成为创新的障碍。图书馆需要突破这些限制，积极引进新的技术和管理模式，以适应用户个性化服务需求的变化。

第七章

公共图书馆阅读推广策略优化的推行途径

一、各级政府的支持和引导

（一）政策制定与落实

公共图书馆阅读推广策略的优化，离不开政府政策的制定与落实。政府应当充分发挥其在阅读推广中的主导作用，制定一系列有利于公共图书馆发展的政策，为阅读推广提供有力的制度保障。政府应明确公共图书馆在阅读推广中的定位。在政策文件中强调公共图书馆作为阅读推广的重要平台和载体，发挥其普及阅读、传承文化、提升公民素质的功能。这样可以确保公共图书馆在阅读推广工作中有所依据，明确发展方向。政府应加大对公共图书馆的财政支持。通过投入资金，为公共图书馆提供良好的硬件设施和丰富的文献资源，确保公共图书馆能够顺利开展阅读推广活动。同时，政府还应制定相应优惠的政策，如税收减免、土地使用权优惠等，为公共图书馆的发展创造有利条件。此外，政府应加强对公共图书馆的监管。通过建立健全的考核评价机制，对公共图书馆的阅读推广工作进行定期评估，确保图书馆按照政策要求开展活动。同时，政府还可以通过制定阅读推广规划，对公共图书馆的工作进行指导和督促，确保阅读推广活动的质量和效果。政府还应推动各级公共图书馆之间的合作与交流。通过建立图书馆联盟，实现资源共享、信息互通，提高阅读推广的覆盖面和影响力。此外，政府还可以鼓励公共图书馆与学校、企业、社区等机构开展合作，共同举办各类阅读活动，拓宽阅读推广的渠道。为了提高阅读推广的效果，政府还可以设立相应的奖励机制。例如，设立阅读推广优秀组织奖、个人奖等，激励公共图书馆及其工作人员积极投身于阅读推广工作，同时鼓励社会各界人士参与到阅读推广活动中来。

（二）财政投入与保障

通过提供足够的财政资金，政府可以支持公共图书馆的建设和运营以及图书与相关资源的购置和更新，从而为读者提供更好的阅读环境和服务。政府可以加大对公共图书馆的财政投入，确保其在基础设施建设上有足够的资金支持。这包括图书馆建筑物的修缮与扩建，硬件设施的更新与提升，如购置先进的图书馆管理系统和数字化阅读设备等。通过提供更舒适和便捷的图书馆环境，可以吸引更多读者前往图书馆，提高阅读的参与度和体验感。政府也可以加大对公共图书馆的运营经费的合理拨款，确保公共图书馆有足够的经费用于日常开展各种阅读推广活动。这包括举办主题讲座、读书分享会、作家讲座等文化活动，组织阅读推广活动，如阅读比赛、阅读俱乐部等，以及开展阅读推广宣传和文化教育活动。通过加强这些活动的推动和实施，可以增加读者的阅读兴趣和阅读量，培养良好的阅读习惯。此外，政府还可以通过购置图书与相关资源，来丰富图书馆的馆藏资料，满足读者的多样化阅读需求。政府可以与出版社和图书供应商合作，通过订购优质图书，提高图书馆的图书质量和数量。同时，政府还可以推动图书馆的数字化转型，在线文献资源的建设和开放，让读者能够通过互联网随时访问图书馆的电子资源，进一步便利了读者的阅读需求。

（三）行政推动与协调

公共图书馆阅读推广的有效推行需要各级政府的支持和引导。政府可以加大对公共图书馆的投入，提升图书馆的藏书数量和质量。政府可以通过向图书馆拨款，增加图书采购和更新的经费，以确保馆藏图书等阅读资源的丰富性和新颖性。此外，在图书馆的藏书布局和分类方面，政府还可以提供专业的指导，确保藏书的合理摆放，便于读者查找。政府可以加强对图书馆工作人员的培训和提升。政府可以组织相关部门和专家开展培训班，提升图书馆工作人员的专业素质和服务水平。培训的内容可以包括图书馆管理、图书推荐、读者引导等方面的知识和技能。政府还可以出台相关政策，鼓励高校毕业生和人才加入到图书馆行业，提升图书馆的整体服务水平。政府可以建立图书馆联盟，推动图书馆之间的资源共享和协作。政府可以鼓励城市内的各级图书馆之间建立合作机制，共同组织文化活动、培训讲座等，举办联合展览和读书活动。此外，政府还可以借助互联网和信息技术，建立起图书馆间的互动平台，方便读者进行跨馆资源的查询和借阅。政府可以加大对公共图书馆的宣传和推广力度。政府可以通过宣传片、宣传册、户外广告等方式，向社会公众宣传图书馆的服务和资源，引导更多的人走进图书馆。政府还可以与媒体合作，开展图书馆宣传活动，提高公众对图书馆的知晓度和认可度。政府还可以充分利用社交媒体等新兴媒体平台，开展线上宣传，吸引更多年轻人参与到图书馆的阅读推广活动中来。

二、图书馆学界和推广

（一）理论研究与创新

公共图书馆需要加强阅读推广的理论研究，以便更好地指导实践。这包括对阅读推广的原理、方法、效果评估等方面的研究以及对不同年龄段、不同阅读需求的人群的阅读推广策略的研究。同时，公共图书馆应该注重推广的创新，例如运用新技术、新模式来提高阅读推广的效果。具体来说，公共图书馆可以通过邀请阅读推广领域的专家和学者组成团队，共同研究阅读推广的理论和实践问题，提出创新性的解决方案。公共图书馆可以建立专门的网站或论坛，为读者提供交流和分享阅读经验、探讨阅读推广问题的平台，促进学术交流和合作。公共图书馆可以与其他教育机构、研究机构、出版社等合作，共同开展阅读推广活动，分享研究成果，提高阅读推广的影响力。公共图书馆可以尝试引入新的推广方式，如数字阅读、VR/AR 技术、互动式讲座等，以提高读者的参与度和满意度。通过以上途径，公共图书馆可以不断优化阅读推广的理论研究和实践，提高阅读推广的效果和影响力，为读者提供更好的阅读体验和服务。

（二）案例分析与借鉴

公共图书馆的阅读推广策略优化是一个不断探索和完善的过程。在这个过程中，借鉴其他图书馆的案例分析和经验是非常有价值的。上海图书馆通过举办各类阅读推广活动，如主题展览、讲座、座谈会、读书会等，吸引了大量读者参与。该馆还建立了"读书人"卡片，对经常借阅图书的读者进行优先借书和优惠服务。值得借鉴之处是：引入多元化的活动形式，增加活动的互动性和参与度，使读者能够更好地体验阅读的乐趣；通过建立读书人卡片等方式，激励读者积极参与阅读活动，增加读者黏性。香港公共图书馆在阅读推广方面注重多媒体的应用。他们设立了多媒体阅读区，提供电子书、音频书和视频资源，满足不同读者的阅读需求。此外，香港公共图书馆还推出了移动图书馆服务，通过移动应用程序为读者提供丰富的阅读资源和在线借阅服务。借鉴之处是：积极引入多媒体阅读资源，借助技术手段增加阅读的趣味性和互动性；开展移动图书馆服务，通过移动应用程序为读者提供便捷的阅读服务，满足读者随时随地阅读的需求。公共图书馆的阅读推广策略优化可以借鉴上海图书馆和香港公共图书馆的成功经验。通过引入多元化的活动形式、建立激励机制、推出多媒体阅读资源和移动图书馆服务等手段，可以提高读者参与度和阅读体验，实现图书馆的阅读推广目标。这些案例为公共图书馆提供了宝贵的经验和启发，对于优化阅读推广策略具有重要的借鉴意义。

（三）教育培训与交流

公共图书馆阅读推广策略优化的推行途径之一是与图书馆学界和推广机构进行合作和交流。通过与学术界、政府机构、社区组织、企业的紧密合作，共同研究和推广阅读推广策略，可以促进公共图书馆的发展，并提高阅读推广的效果和质量。因此，图书馆学界的参与是阅读推广工作中的重要环节。图书馆学界可以通过一系列措施来推动阅读推广的优化。首先，组织学术研讨会和专题讲座是重要的途径之一。通过邀请专家学者分享阅读推广的经验和研究成果，图书馆工作人员可以不断更新知识和技巧，提高自身的专业素养。此外，学术研讨会和讲座也为图书馆工作人员提供了与同行交流的机会，促进思想碰撞和合作。其次，图书馆学界可以开展教育培训活动，提高图书馆工作人员的阅读推广能力和技巧。培训内容包括阅读推广策略的研究和分析、读者服务技巧的提升以及与其他相关领域的交叉合作等。通过培训，图书馆工作人员可以不断地学习和掌握有效的阅读推广方法，并将其应用于实际工作当中。此外，图书馆学界还可以推广数字阅读和移动阅读。随着科技的不断进步，数字化阅读已成为阅读推广的重要形式之一。图书馆可以通过建立电子图书馆、数字资源平台以及与其他数字阅读服务供应商的合作，提供更加便捷和多样化的阅读方式。例如，通过开设电子图书馆，读者可以随时随地在线借阅和阅读图书，极大地方便了读者的阅读需求。另外，图书馆学界也可以加强与其他图书馆的合作，共享资源和服务，这样可以提高阅读推广的效果和质量，满足读者多样化的需求。例如，通过与其他图书馆联合举办活动、共同采购图书和数据库，不仅能够节约资源，还能够提高服务的范围和质量。图书馆学界的参与是公共图书馆阅读推广策略优化的重要推行途径之一。通过与学术界和推广机构的合作和交流，可以促进阅读推广工作的改进和创新，提高公共图书馆的服务水平和影响力。图书馆学界应当不断推动阅读推广的研究和实践，为公众提供更加丰富和优质的阅读体验。

三、社会组织的参与和倡导

（一）社会组织的作用与定位

社会组织在推广阅读方面具有独特的优势和作用，能够为图书馆阅读推广活动提供更多资源和支持。许多社会组织拥有自己的资金来源，可以为图书馆阅读推广活动提供资金赞助，帮助图书馆开展各种形式的阅读推广活动。同时，社会组织也可以为图书馆提供其他形式的支持和资源，如志愿者参与、技术支持等，为图书馆阅读推广活动提供专业的资源和人才支持。许多社会组织拥有一支专业团队，他们在不同的领域有着丰富的经验和专业知识，可以为图书馆阅读推广活动提供专业的建议和指导。这些专业人才可以为图书馆提供各种形式的培训和支持，帮助图书馆更好地开展阅读推广活动。此外，社会组织还可以为图书馆阅读推广活动营造良好的社会氛围。许多社会组织在社区、学校、企业等地方有着广泛的影响力，可以通过组织和倡导各种形式的阅读活动，促进阅读氛围的形成，吸引更多的人参与到阅读中来。因此，公共图书馆在优化阅读推广策略时，应该积极寻求社会组织的参与和倡导。具体来说，公共图书馆应该积极与各类社会组织建立联系，了解他们的需求和资源优势，寻求合作机会。同时，公共图书馆应该注重对社会组织的培训和支持，帮助他们更好地参与到阅读推广活动中来。

（二）合作伙伴关系的建立

公共图书馆阅读推广策略优化的推行途径中，社会组织的参与和倡导以及合作伙伴关系的建立，是至关重要的环节。这不仅能够扩大阅读推广的影响力和覆盖面，还能够充分利用社会资源，形成合力，共同推动阅读文化的普及和发展。社会组织，特别是那些与文化、教育、媒体相关的非政府组织，对于阅读推广活动的成功举办起到了不可或缺的作用。这些组织通常具有丰富的活动策划和执行经验，能够为公共图书馆提供专业支持和创意建议。它们可以协助图书馆设计符合不同群体需求的阅读项目，如儿童阅读、青少年阅读、成人阅读等，通过多元化的内容和形式，激发公众的阅读兴趣。建立合作伙伴关系，将政府、企业、教育机构、媒体以及志愿者团体等纳入推广的体系中，是实现资源共享、优势互补的重要途径。政府可以通过政策支持、资金投入等方式，为阅读推广提供强有力的后盾；企业则通过赞助、品牌合作等方式，为阅读活动提供物质保障和市场推广；教育机构可以利用自身的学术资源和教学优势，为阅读推广提供内容支持和专业培训；媒体则可以通过报道、宣传等方式，扩大阅读推广的社会影响力；志愿者团体可以提供人力支持，组织和参与各种阅读活动。通过合作伙伴关系的建立，公共图书馆可以更好地整合社会资源，创新阅读推广模式。同时，图书馆还可以与企业合作，开展阅读与企业文化相结合的活动，如员工阅读计划、企业图书馆建设等，将阅读推广深入到企业内部，提升员工的文化素养和综合能力。社会组织的参与和倡导，合作伙伴关系的建立，对于公共图书馆阅读推广策略的优化起到了积极的推动作用。通过充分发挥社会各界的优势，形成一个多方参与、协同合作的良好局面，有助于构建一个更加完善、高效的阅读推广体系，从而推动全民阅读成为社会的一种文化自觉和行为习惯。

（三）社会资源的整合与利用

社会组织可以发挥其桥梁和纽带的作用，促进公共图书馆与读者之间的互动。社会组织了解读者的需求，能够帮助图书馆更好地定位服务对象，从而有针对性地开展阅读推广活动。社会组织可以整合各类社会资源，为公共图书馆阅读推广提供有力的支持。这包括人力资源、物质资源、文化资源等。可以邀请知名的作家、学者等参与到阅读推广活动中，为读者提供高质量的阅读内容；可以利用社会资金、物资等资源，为阅读推广活动提供必要的支持。社会组织还可以发挥其创新精神，策划各类形式新颖、内容丰富的阅读推广活动。例如，可以组织阅读马拉松、阅读之夜、阅读接力等特色活动，激发读者的阅读兴趣；可以开展阅读讲座、阅读培训等，提升读者的阅读能力。在这个过程中，公共图书馆要积极与社会组织合作，充分利用社会资源，提高阅读推广的效果。例如，可以与社会组织共同策划活动，共同宣传推广，共同评估活动效果等。同时，公共图书馆也要积极争取政府、企业等各方面的支持，形成合力，共同推动阅读推广工作。

第八章

公共图书馆阅读推广策略优化的效果研究

一、研究方法概述

本研究旨在优化公共图书馆阅读推广策略的效果，采用了多种方法进行综合研究。实地调查是本研究的主要方法之一。我们将对公共图书馆进行实地考察，了解图书馆的阅读推广活动、设施、服务等情况，并收集相关数据。同时，我们还将与图书馆工作人员、读者、志愿者等人员进行深入交流，了解他们对阅读推广活动的看法和建议。参考文献分析也是本研究的重要方法之一。我们将对现有的公共图书馆阅读推广策略的相关文献进行梳理和分析，了解前人研究的成果和不足，为我们的研究提供参考和借鉴。统计数据分析是本研究不可或缺的方法之一。我们将收集和分析相关数据，包括阅读推广活动的参与人数、借阅量、满意度等指标，通过数据分析和对比，评估策略优化后的效果。在进行实地调查和参考文献分析时，明确研究目的和预期结果，形成相关的假设。根据研究问题和假设，制订实地调查计划，包括调查时间、地点、对象、内容等。按照计划进行实地调查，收集相关数据和信息，将收集到的数据整理成可分析的形式，运用统计软件进行分析，提取出有意义的结果。通过以上研究方法的应用，我们将全面了解公共图书馆阅读推广策略的现状和问题，并运用数据分析的方法评估策略优化后的效果。此外，我们还将在研究中注重对数据的保密和隐私的保护，确保研究的合法性和伦理性。

二、数据来源与处理

图书馆作为推广阅读的重要平台，其阅读推广策略的优化对于提高图书馆服务效能、促进全民阅读习惯的培养具有重要的现实意义。本研究通过收集图书馆内部数据，对公共图书馆阅读推广策略的优化效果进行深入分析。我们将收集图书馆的读者数据，包括读者的年龄、性别、职业等信息以及读者的借阅记录、参与阅读活动的情况等。通过对这些数据的分析，我们可以了解到读者的阅读需求和阅读习惯，从而针对不同读者群体制定更具针对性的阅读推广策略。我们将收集图书馆的阅读活动数据，包括阅读活动的类型、时间、地点、参与人数等信息。通过对这些数据的分析，我们可以了解到图书馆举办的各类阅读活动的效果，从而对阅读活动的策划和实施进行优化，提高阅读活动的吸引力和参与度。收集图书馆的资源建设数据，包括图书馆的藏书量、电子资源数量、资源更新速度等信息。通过对这些数据的分析，我们可以了解到图书馆资源的丰富程度和更新情况，从而对图书馆的资源建设进行优化，提高图书馆资源的利用率和满意度。通过对图书馆内部数据的收集和分析，我们可以全面了解图书馆的阅读推广工作现状，发现存在的问题和不足，从而有针对性地提出策略。同时，通过持续的数据收集和分析，我们可以监测图书馆阅读推广策略的实施效果，及时调整和优化策略，以实现图书馆阅读推广工作的持续改进和发展。

在数据来源方面，我们将通过以下方式收集外部数据：首先是政府数据，这是获取关于公共图书馆运营情况和读者需求最直接的方式。同时，公共图书馆的合作企业，例如阅读推广活动的主办方和参与者等，也是我们收集数据的重要来源。这些数据可能会提供有关读者满意度、参与度等关键信息。对于数据处理，我们将会使用数据清洗和数据挖掘技术。数据清洗主要是去除无效或错误的数据，以保证数据的准确性和完整性。数据挖掘则是通过算法分析数据，找出隐藏在数据中的有用信息，如阅读推广活动的参与率、读者反馈等。首先，我们将从政府公开的数据中获取公共图书馆的年度报告和统计数据，包括图书馆的藏书量、借阅量、读者数量等。这些数据可以为我们评估阅读推广活动的规模和效果提供基础信息。其次，我们还会从公共图书馆的合作企业中获取数据，如阅读推广活动的参与者数量、活动反馈等。这些数据可以为我们了解读者的阅读习惯、阅读兴趣等提供参考。最后，我们还会通过问卷调查和访谈的方式获取一手数据。问卷调查可以了解读者对公共图书馆阅读推广活动的满意度、对活动的评价和建议等。访谈则可以深入了解读者的阅读习惯、阅读需求等，为图书馆制定更有效的阅读推广策略提供参考。通过外部数据来源的挖掘和处理，我们可以更全面地了解公共图书馆阅读推广活动的效果，为图书馆优化阅读推广策略提供有力支持。

数据来源包括但不限于图书馆的访问记录、读者借阅数据、读者满意度调查、活动参与度统计以及社会反馈等。这些数据可以通过问卷调查、访谈、在线反馈平台以及现场观测等方式获取。在数据处理阶段，首先需要对原始数据进行整理，以确保数据的准确性和一致性。这包括对数据进行清洗，去除无效或错误的记录，如重复数据、缺失值等。数据清洗的过程可能涉及数据验证、标准化和归一化等步骤，以保证数据质量符合分析的要求。接下来，对清洗后的数据进行深入的整理和分析。这可能包括使用统计分析方法，如描述性统计、相关性分析、回归分析等，来识别阅读推广活动与读者行为之间的关联。此外，还可以运用数据挖掘技术，如聚类分析、分类算法等，来发现潜在的读者群体和他们的阅读偏好。通过定量和定性的分析方法进一步评估阅读推广策略的效果。例如，可以通过对比实验设计，分别在不同的图书馆或时间段内实施不同的阅读推广策略，并比较其对阅读行为的影响。同时，定性的分析可以通过读者反馈、图书馆工作人员的观察以及社会媒体上的讨论来获取。在这一过程中，数据的整合与分析需要多学科知识的结合，包括但不限于图书馆学、教育学、心理学和社会学等领域的知识。通过这些分析，可以揭示哪些阅读推广策略更有效，哪些需要改进以及如何根据不同读者的需求和特性来优化推广活动。最后，研究成果应该以易于理解和实施的方式呈献给图书馆管理层和相关部门，以便于他们将这些发现转化为具体的行动计划，进一步提升公共图书馆阅读推广活动的质量和影响力。

三、指标选择与分析

（一）读者借阅量

读者借阅量是评估公共图书馆阅读推广策略优化效果的重要指标之一。在选择该指标时，需要考虑以下几个因素：首先，读者借阅量是公共图书馆核心服务之一，在衡量馆藏利用率和读者需求方面具有重要意义。通过核算读者的借阅量，可以了解到读者对于馆藏资源的需求程度，并据此调整图书采购和馆藏管理，以更好地满足读者的阅读需求。其次，读者借阅量可以反映公共图书馆的影响力和受欢迎程度。一个充满活力的图书馆往往能够吸引更多的读者，他们愿意积极借阅图书馆的藏书，并且将其视为获取知识和信息的重要来源。因此，借阅量的增加可以证明图书馆阅读推广策略的有效性，表明该图书馆在社区中具有较高的声誉和吸引力。再次，借阅量还可以帮助图书馆进行资源管理和决策制定。通过借阅量数据的分析，可以了解到不同类型的图书受欢迎程度，进而根据读者的需求加强或减少相关书籍的采购。此外，读者借阅量还可以帮助图书馆评估读者服务策略的效果，了解到哪些阅读推广活动受到读者欢迎，从而决定是否继续推广类似的活动。最后，通过统计读者的借阅量，还可以推测图书馆对读者个体的影响程度。借阅量较高的读者往往是对图书馆资源产生较大兴趣并积极利用的读者，可以作为图书馆专门关注的对象，并提供个性化的服务。通过针对这些读者的需求进行精细化的服务，图书馆可以提高其用户满意度和忠诚度，从而进一步提升阅读推广的效果。读者借阅量是公共图书馆阅读推广策略优化效果的重要指标，其被选取是依据图书馆的核心服务、影响力和资源管理等方面的考虑，通过对借阅量数据的分析，可以得出有效的阅读推广策略，并提升图书馆的服务质量和读者满意度。

（二）活动报名人数和实际参与人数

可以从活动报名人数和实际参与人数两个方面来衡量参与率。活动报名人数反映了公众对阅读推广活动的关注度和兴趣，实际参与人数则能够反映出活动的吸引力和实施效果。通过比较活动报名人数和实际参与人数，我们可以了解到活动宣传的广度和深度，从而为今后活动的组织和策划提供参考。参与率还可以从参与人群的年龄、职业、文化程度等角度进行分析。不同年龄段、职业和文化程度的群体对阅读推广活动的参与程度可能存在差异，了解这些差异有助于我们更好地满足各类读者的需求，提高活动的针对性。例如，我们可以针对青少年、上班族、老年人等不同群体，设计更具特色的阅读推广活动，以提高他们的参与度。此外，参与率还可以通过参与者的反馈和评价来衡量。在活动结束后，收集参与者的意见和建议，可以了解他们对于活动的满意度以及建议改进的地方。这有助于我们优化活动方案，从而提高今后活动的参与率和效果。在分析参与率指标时，我们还可以关注一些细分指标，如活动现场互动程度、活动结束后社交媒体上的讨论热度等。上述指标可以反映出活动的影响力和传播效果，有助于我们评估活动的整体效果。推广活动参与率指标的选取需要综合考虑活动报名人数，实际参与人数，参与人群的年龄、职业、文化程度等多个方面，同时关注参与者反馈和活动现场互动程度等细分指标。通过这些指标的分析，我们可以更好地评估公共图书馆阅读推广策略的效果，为今后活动的组织和策划提供有力支持。在实际操作中，我们需要根据具体情况灵活运用这些指标，以实现对阅读推广活动效果的全面、准确评价。

（三）访问量

研究公共图书馆阅读推广策略优化的效果时，访问量是一个重要的指标。通过分析和选取合适的访问量指标，可以帮助我们评估策略的实施情况和效果。在公共图书馆中，访问量指标可以包括以下几个方面：一是总体访问量，该指标可以通过统计图书馆的总访问次数来衡量。可以通过统计每天、每周或者每个月的总访问次数来获取。总体访问量可以反映出图书馆的整体受欢迎程度和使用频率，是评估图书馆服务的一个重要指标。二是在线访问量，随着互联网的普及，图书馆提供的在线服务逐渐成为用户获取信息和阅读资源的重要途径。因此，统计图书馆网站的在线访问量也是一个重要的指标。可以通过统计网站的页面浏览量、独立访客数等指标来衡量图书馆的在线访问量。三是实际借阅量，公共图书馆的核心服务之一是借阅图书，因此，实际借阅量也是一个重要的指标。可以通过统计每天、每周或者每个月的借阅量来获取。实际借阅量可以反映出读者的阅读需求和阅读活跃度，是评估图书馆的阅读推广活动效果的一个重要指标。四是门店访问量，对于实体图书馆来说，门店的访问量也是一个重要的指标。可以通过统计每天、每周或者每个月的门店访问人数来获取。门店访问量可以反映出图书馆在实体空间中的吸引力和使用率，是评估图书馆服务质量的一个关键指标。在分析这些访问量指标时，可以比较不同时间段内的变化趋势，对比与其他图书馆或同类机构的相对水平等。此外，还可以通过用户调研、问卷调查等方式获取用户对图书馆服务的满意度和意见反馈，从而更全面地评估图书馆阅读推广策略的效果。

四、实证研究结果分析

（一）实证研究结果概述

在当前社会，公共图书馆的推广活动对于促进社会阅读文化的发展具有举足轻重的作用。然而，如何评估阅读推广活动的效果，特别是在提升读者满意度方面，成为公共图书馆需要关注的重要课题。实证研究结果表明，公共图书馆的阅读推广活动对读者满意度具有显著影响。阅读推广活动能够提高读者的图书馆使用体验。通过举办各类讲座、读书会、展览等活动，公共图书馆为读者提供了一个交流和学习的平台，使得读者在参与活动的过程中能够获得知识和乐趣，从而提高对图书馆的整体满意度。阅读推广活动有助于丰富读者的阅读内容和方式。公共图书馆通过推出各类主题阅读活动，如儿童阅读、青少年阅读、成人阅读等，满足不同年龄段和兴趣群体的阅读需求。图书馆还通过引入多媒体资源、电子图书等新型阅读形式，为读者提供了更多样化的阅读选择，进一步提升了读者的满意度。此外，阅读推广活动还有助于提升读者的阅读兴趣和阅读能力。公共图书馆通过举办阅读指导、阅读培训等活动，帮助读者掌握正确的阅读方法和技巧，提高阅读效率。同时，通过推荐优质阅读材料和作品，激发读者的阅读兴趣，使得他们在阅读过程中能够有更多的收获和满足，从而提高读者对图书馆的满意度。阅读推广活动在提升读者满意度方面取得了显著效果，但仍存在一些问题和挑战。阅读推广活动的覆盖面和影响力仍有待提高。尽管图书馆举办了一系列阅读活动，但并非所有读者都能参与其中，特别是对于一些偏远地区和特殊群体，图书馆的阅读推广活动还需进一步加强。随着社会的发展和变化，读者的需求也在不断变化，图书馆需要根据读者的实际需求，推出更具吸引力和针对性的阅读推广活动，以提升读者的满意度。目前，公共图书馆在评估阅读推广活动效果时，往往侧重于借阅量、访问量等量化指标，而忽视了读者满意度等质化指标。为了更准确地评估阅读推广活动的效果，图书馆需要建立起一套科学、全面的评估体系，将读者满意度作为重要评价指标之一。公共图书馆的阅读推广活动在提升读者满意度方面取得了显著效果，但仍需在活动覆盖面、创新性和效果评估等方面进一步加强。只有不断优化阅读推广策略，公共图书馆才能更好地发挥其在全民阅读中的重要作用，为建设学习型社会做出更大贡献。

（二）推广活动效果分析

在分析推广活动效果之前，首先需要确定一些评价指标，以衡量推广活动的效果。这些指标可以包括参与人数、借书量、读者满意度等。通过比较这些指标在推广活动前后的变化，可以评估推广活动的效果。在实施推广活动时，公共图书馆可以采取多种方式，如，举办读书分享会、开展阅读推广活动、推出优惠活动等。本研究可以通过比较不同推广活动的效果，找出最有效的推广方式。通过对不同推广活动的效果进行对比，可以发现哪些活动吸引力更大，哪些活动能够吸引更多的读者参与，并且使读者借阅更多的图书。这样，公共图书馆可以针对不同的目标群体和推广目的，选择最合适的推广活动，提高推广效果。推广活动的效果通常与投入成本有关。为了评估推广活动的效果，需要分析推广活动所需的人力、物力和财力的投入。通过将推广活动的效果与投入进行比较，可以评估投入成本是否合理。例如，如果某个推广活动的投入成本很高，但其效果却不显著，那么公共图书馆可能需要重新考虑该推广活动的价值和可行性。相反，如果某个推广活动的投入成本较低，但其效果却非常好，那么公共图书馆可以考虑增加该类活动的投入，以扩大其推广效果。推广活动的效果还与受众群体的喜好有关。不同的人群对推广活动的喜好有所差异，因此需要对受众群体的喜好进行分析。通过调查问卷、访谈等方式，可以了解不同受众群体对于推广活动的偏好。例如，年轻人可能更喜欢有趣、刺激的推广活动，而老年人可能更喜欢有益健康的推广活动。了解受众群体的喜好可以帮助公共图书馆更好地针对不同受众群体进行推广，提高推广活动的效果。公共图书馆阅读推广策略的优化效果研究可以通过分析不同推广活动的效果对比、推广活动效果与投入的关系分析以及推广活动受众群体的喜好分析来进行。这些分析可以帮助公共图书馆选择最合适的推广活动，提高推广效果，并最终实现公共图书馆的阅读推广目标。

（三）读者反馈与满意度调查结果

通过对读者的反馈与满意度调查结果进行分析，可以评估公共图书馆阅读推广策略优化的效果。例如，某项推广活动的调查结果显示：大多数读者对公共图书馆的阅读推广活动持积极态度，并对其表达了满意和支持。其中，约80%的受访者表示，对推广活动的内容和形式感到满意。他们认为推广活动丰富多样、内容有趣，并能够吸引他们的注意力。此外，超过70%的受访者表示，对推广活动的组织方式和策划水平感到满意。他们认为推广活动在时间安排、场地选择和参与者互动等方面，都表现出了较高的专业性和效果。在对推广活动的互动性和参与感方面，近70%的受访者表示非常满意或满意。他们认为推广活动提供了良好的互动平台，使得读者能够与图书馆的其他读者进行交流和分享。同时，约75%的受访者表示，推广活动对于促进他们的阅读兴趣和阅读能力有积极的影响。他们认为，推广活动让他们更加热爱阅读，拓宽了阅读的范围，并提高了阅读的效果和质量。然而，虽然绝大多数读者对推广活动给予了正面评价，但也有一小部分受访者对推广活动表达了不满意或不支持的观点。其中，约10%的受访者表示，推广活动的内容过于单一或陈旧，无法满足他们的阅读需求和兴趣。另外，约15%的受访者认为，推广活动的组织方式和策划水平有待改进，希望图书馆能够更加关注读者的意见和建议，提供更加个性化和多样化的推广活动。读者对公共图书馆阅读推广活动的反馈，整体较为积极。他们对推广活动的内容、形式、组织方式和策划水平给予了较高的评价。推广活动的互动性和参与感得到了一定程度的肯定，并对读者的阅读兴趣和能力产生了积极的影响。然而，在推广活动的内容和组织方面，仍有一些改进的空间，需要进一步关注读者的需求和意见，提供更加个性化和多样化的推广活动。

根据读者反馈与满意度调查，对公共图书馆的服务满意度进行分析。例如，某项调查结果显示，大部分读者对图书馆的服务表示满意。那么，调查结果就表明读者对图书馆的藏书丰富度和质量非常满意。读者认为图书馆的藏书种类繁多，能够满足他们的不同需求。此外，图书馆定期购买新书，并根据读者的建议和需求进行补充和更新，使得图书馆的藏书质量得到有效提升。这些丰富的藏书以及不断更新的图书，使得读者可以方便地获取到自己感兴趣的图书，从而提高了阅读体验和满意度。图书馆的服务态度得到了读者的高度评价。图书馆的工作人员热情友好，愿意帮助读者解决问题。无论是查找图书还是使用图书馆设施，工作人员都会给予及时的指导和帮助。这种良好的服务态度让读者感受到了关注和重视，增强了他们对图书馆的满意度。图书馆提供的多元化的服务也得到了读者的赞赏。调查结果表明，图书馆不仅提供了借阅图书的服务，还开展了许多阅读推广活动，如开展讲座、展览、读书分享会等。这些活动吸引了众多读者的参与，不仅丰富了读者的文化生活，也提供了与其他读者交流的机会。读者认为，图书馆的多元化服务能够满足他们不同层次的需求，增加了他们使用图书馆的频率和满意度。图书馆的丰富藏书、良好的服务态度以及多元化的服务得到了读者的认可和赞赏。然而，调查结果中也存在一些读者对图书馆服务的不满意观点，如借阅流程复杂、图书馆开放时间不够灵活等。这些问题需要图书馆进一步改进和完善，以提高读者的满意度。

读者反馈与满意度调查结果中，我们发现读者对公共图书馆的推广活动整体持积极态度，但同时也提出了一些建议和期望。读者普遍认为，公共图书馆的推广活动对于提高阅读兴趣和阅读能力有着积极的作用。他们表示，通过参与图书馆的推广活动，不仅增加了自己的阅读量，也学到了许多新的知识和技能。此外，读者也认为这些活动有助于培养阅读习惯，提高阅读素养，从而提升自身的文化素养。然而，读者也对推广活动提出了一些建议和期望。首先，他们希望图书馆能够提供更多元化的阅读材料，包括不同类型、不同领域的书籍和文献，以满足不同读者的需求。其次，读者希望图书馆能够定期举办各类阅读活动，以提供更多的阅读交流平台，激发读者的阅读热情。最后，读者还建议图书馆加强与其他文化机构的合作，共同推动阅读文化的传播与发展。读者对公共图书馆的推广活动持积极态度，并提出了一些期望。公共图书馆应该认真倾听读者的声音，根据读者的需求和期望，不断优化推广策略，提升服务质量，为读者提供更多元化、多样化的阅读资源和服务，进一步推动全民阅读的普及和发展。

五、效果评估与改进

（一）效果评估标准与方法

阅读量增长率是评估公共图书馆阅读推广策略效果的重要指标之一。以下是一种常用的借阅量增长率的评估方法：首先，需要收集公共图书馆在推广策略实施前后的借阅量数据。这些数据可以从图书馆记录系统中获取，包括每天、每周或每月的借阅量。其次，计算公共图书馆的借阅量增长率。增长率可以通过下列公式计算：增长率 =（后期借阅量 − 前期借阅量）/ 前期借阅量 ×100%。这将得出一个百分比，显示借阅量相对于前期增长了多少。通过对增长率的分析，可以对推广策略的效果进行评估。如果借阅量增长率为正值，说明推广策略取得了积极的效果，图书馆的借阅量增长了；如果借阅量增长率为负值，说明推广策略效果不佳，图书馆的借阅量反而减少了。最后，可以将多个推广策略的借阅量增长率进行对比。这样可以确定哪些策略对借阅量增长起到了较大的推动作用，并选择性地优化和调整其他策略。在评估借阅量增长率的基础上，还可以考虑以下因素来进一步优化公共图书馆的阅读推广策略：通过分析借阅量增长率，可以了解不同读者群体的借阅偏好和阅读需求。例如，某些读者群体可能更偏爱特定类型的图书，因此，可以针对他们开展相关推广活动，提高他们的阅读兴趣和借阅率。借阅量增长率低可能意味着推广策略的宣传力度不够。因此，可以通过增加宣传渠道，加强推广活动等方式来提高公共图书馆的知名度和吸引力，进而增加借阅量。了解借阅量增长率可以帮助图书馆优化拥有的图书资源。通过分析借阅量增长较快的图书，图书馆可以更准确地预测读者的需求，购买更具吸引力的图书，并在合理范围内加大库存的数量。在实施了针对性的优化策略后，再次评估和比较借阅量增长率，以确定优化效果。这样，公共图书馆就能够根据借阅量增长率的反馈信息，不断改进推广策略，提高阅读推广的效果。

公共图书馆阅读推广策略优化的过程中，效果评估是一个关键环节，它能够帮助我们了解推广活动的实际影响，并为未来的活动提供改进方向。评估标准和方法的科学合理性直接关系到评估结果的准确性和有效性。设立访问量评估指标。这包括总访问量、人均访问量、特定区域或活动的访问量等。通过这些指标，我们可以直观地了解图书馆的吸引力以及阅读推广活动对访问量的影响。采用基线数据和比较分析的方法，先确定一段时期内的基线访问量，作为评估的参照点。随后，将优化策略后的访问量与基线数据进行比较，以确定访问量的提升程度。比较分析可以跨时间（如年度之间）、跨空间（如不同图书馆之间）或跨活动（如同一图书馆不同阅读推广活动之间）进行。进行细分市场分析。针对不同的读者群体，如儿童、青少年、成年人、老年人等，评估他们的访问量变化，了解特定推广策略对不同群体的效果，从而实施更精准的市场定位和策略调整。此外，引入用户反馈机制。通过问卷调查、访谈、在线评论等渠道，收集用户对阅读推广活动的反馈，了解用户满意度和忠诚度，将用户的直接体验和感受作为访问量提升度的重要补充指标。利用现代技术，如大数据分析、云计算等，对访问数据进行深入挖掘，探寻访问量变化的背后规律，为阅读推广策略提供科学依据。我们可以构建一个全面的访问量提升度评估体系，不仅关注量的提升，也关注质的改善，从而确保公共图书馆阅读推广策略的优化能够更好地服务于公众，提高图书馆的服务质量和效率。

（二）评估结果与分析

公共图书馆阅读推广策略优化的效果研究中，评估结果与分析是一个关键环节。从阅读人数指标来看，通过优化阅读推广策略，公共图书馆的阅读人数有了显著增长。这表明优化策略有效吸引了更多的读者参与到阅读活动中来，进一步推动了全民阅读的普及。从阅读时长指标来看，读者在公共图书馆的阅读时长也有所增加。这说明优化后的阅读推广策略能够提高读者的阅读兴趣和阅读质量，让读者在阅读过程中获得更多的收获和满足。从阅读种类指标来看，读者在公共图书馆的阅读种类更加丰富，不再局限于某一特定类型。这反映出优化策略有助于拓宽读者的阅读视野，提升读者的阅读层次。此外，从读者满意度指标来看，公共图书馆的读者满意度评分也有所提高。这表明优化策略能够更好地满足读者的需求，提升读者对图书馆服务的认可度。从以上各项指标的评估结果来看，公共图书馆阅读推广策略的优化取得了明显的效果。然而，我们还需要注意到，尽管优化策略在很大程度上提高了阅读推广活动的效果，但仍存在一些问题和不足之处，如阅读推广活动的覆盖面不够广泛，部分读者的阅读兴趣尚未被充分激发等。因此，在未来的工作中，公共图书馆需要进一步针对这些问题和不足，继续优化阅读推广策略。例如，可以通过加大宣传力度，提高阅读推广活动的知名度，扩大活动的影响力；同时，还可以通过丰富多样的阅读活动，满足不同类型读者的需求，激发更多读者的阅读兴趣。总之，公共图书馆需要不断探索和创新，以期在阅读推广活动中取得更好的效果。

公共图书馆阅读推广策略优化的效果研究中，评估结果与分析是非常重要的一部分。其中，改进前后效果对比分析可以用来评估改进策略的效果以及指导未来的优化工作。可以对改进前后的数据进行比较和分析。通常，我们可以通过统计数据、用户调查或观察数据等来评估改进前后的效果。比如，我们可以比较改进前后的借阅量、图书馆入馆率、用户满意度和参与阅读活动的人数等指标。在进行改进前后的效果对比分析时，需要考虑多个因素。首先，需要考虑时间因素。不同时间段的数据可能受到季节性或其他因素的影响，因此需要选取合适的时间段进行对比分析。其次，需要考虑其他干预措施。在进行改进策略时，可能同时采取了其他措施，这些措施可能会对结果产生影响，因此需要将其也控制在分析中。在进行改进前后效果对比分析时，可以采用不同的统计分析方法进行评估。例如，可以使用t检验或方差分析等方法来比较改进前后的数据差异，并验证改进策略是否具有显著效果。通过这些分析，可以评估改进策略对于借阅量、用户参与度等指标的影响。此外，还可以对用户的反馈和意见进行分析。通过用户调查或访谈等方式，了解用户对于改进策略的感受和反馈以及改进策略是否满足他们的需求和期望。这些反馈可以为图书馆提供宝贵的改进方向，以进一步优化阅读推广策略。改进前后效果对比分析是公共图书馆阅读推广策略优化的重要一环。通过比较和分析改进前后的数据，统计和分析用户反馈等手段，可以评估和验证改进策略的有效性，并为未来的优化工作提供指导。这样，公共图书馆可以更好地满足用户的需求，提供更好的阅读体验和服务。

阅读推广活动有助于提高图书馆的服务质量和水平。通过举办各种形式的阅读活动，图书馆能够更好地满足读者需求，提升读者的阅读体验。同时，图书馆工作人员的专业能力也得到了锻炼和提高，为读者提供更优质的服务。通过举办各类活动，可以吸引更多的读者走进图书馆，使用图书馆的资源和服务。特别是对于青少年读者，阅读推广活动能够培养他们的阅读兴趣，使他们成为图书馆的忠实用户。阅读是提升个人素质、丰富精神生活的重要途径。通过举办阅读推广活动，能够引导社会公众养成良好的阅读习惯，提高全社会的文化素质。阅读推广活动在实施过程中存在一些问题，如活动内容的多样性和深度不足，活动组织和管理不够精细等。为了进一步提高阅读推广活动的效果，图书馆需要不断改进和优化活动策略。图书馆应丰富阅读推广活动的内容和形式，提高活动的吸引力和参与度。可以尝试结合多媒体、互联网等现代技术，举办更具创新性和互动性的活动，满足不同读者的需求。图书馆需要加强活动组织和管理的精细化程度，提高活动的质量和效果。这包括对活动策划、实施和总结等各个环节进行严格把关，确保活动目标的实现。图书馆应加强与社会各界的合作，共同推动全民阅读事业的发展。可以与学校、企业、社区等机构建立合作关系，共享阅读资源，共同举办阅读推广活动，形成良好的阅读氛围。阅读推广活动对公共图书馆的整体发展具有积极的影响。图书馆应分析评估结果，不断优化活动策略，提高活动效果，为推动全民阅读和文化建设做出更大贡献。

（三）改进策略与建议

公共图书馆应当根据目标受众的需求和兴趣，定期更新推广活动的内容，也可以加入一些互动环节，增加读者之间的互动和交流。同时，在图书馆内设置一些阅读角落或活动区域，提供舒适的环境和资源，吸引读者在图书馆内用更多的时间阅读。

除了传统的宣传渠道，如海报、手册、传单等，公共图书馆还可以利用现代社交媒体平台，如微博、微信公众号等进行推广。通过这些平台，可以更好地与读者进行沟通，发布推广活动的信息，并与读者进行互动和反馈。此外，与学校、社区、媒体等进行合作，共同进行推广活动，扩大宣传的范围和影响力。

在策划过程中，公共图书馆需要考虑目标受众的需求、兴趣和学习习惯，有针对性地设计推广活动。同时，需要合理安排活动的时间和地点，确保读者能够方便地参与。在活动的执行过程中，图书馆工作人员需要提供专业的指导和服务，为读者提供帮助和支持。此外，也可以邀请一些知名作家、学者、媒体人等参与活动，提升活动的品质和影响力。

第九章

结论

随着社会的不断发展和进步，公共图书馆作为知识与文化的汇聚地，其阅读推广策略的优化变得越加重要。通过对新时期公共图书馆阅读推广策略的优化研究，我们不难看出，图书馆正面临着前所未有的机遇与挑战。而如何抓住这些机遇，应对这些挑战，成为图书馆界亟待解决的问题。回顾本书的探讨，我们不难发现，公共图书馆在阅读推广方面已经取得了一定的成效，如多样化的阅读活动、数字化阅读平台的建设等，都为读者提供了更为便捷、高效的阅读体验。然而，同时也存在着一些问题，如推广方式单一、个性化服务不足等，这些问题限制了图书馆阅读推广的效果，影响了读者的阅读积极性。因此，优化公共图书馆的阅读推广策略显得尤为重要。首先，图书馆需要创新推广方式，充分利用新媒体、社交平台等渠道，开展线上线下的推广活动，增强推广效果。其次，图书馆需要提供个性化服务，根据读者的兴趣爱好、阅读习惯等，为其推荐合适的阅读资源，提升阅读体验。最后，图书馆还需要加强与读者的互动，了解读者的需求和反馈，不断改进和完善阅读推广策略。优化公共图书馆阅读推广策略不仅有助于提高图书馆的服务质量，更是对全民阅读素养提升和社会文化进步的重要贡献。通过优化推广策略，图书馆可以更好地满足读者的多元化需求，推动全民阅读活动的深入开展，进而提升整个社会的文化素养和创新能力。展望未来，公共图书馆在阅读推广方面仍有很大的发展空间。随着科技的不断进步和创新理念的不断深入，图书馆可以尝试引入更多先进的技术和理念，如大数据分析、人工智能等，以进一步优化阅读推广策略。同时，图书馆也需要加强与其他文化机构的合作与交流，共同推动阅读文化的繁荣与发展。总之，新时期公共图书馆阅读推广策略的优化研究是一个长期而复杂的过程。但只要我们不断探索、不断创新、不断完善，相信公共图书馆一定能够在阅读推广方面取得更大的成就，为全民阅读事业的蓬勃发展贡献自己的力量。让我们携手共进，共同推动公共图书馆阅读推广策略的优化与升级，为构建书香社会、推动文化强国建设做出更大的贡献。

参考文献

［1］奚惠娟.城市潮流文化发展背景下图书馆阅读服务创新路径［J］.图书馆研究与工作，2024（2）：77—83.

［2］李婧璇."四季童读"让孩子共享优质童书资源［N］.中国新闻出版广电报，2024-02-09（8）.

［3］赵静.网络时代图书馆对传统文化的阅读推广研究［J］.才智，2023（34）：185—188.

［4］路艳霞.北京之美，因书香更迷人［N］.北京日报，2023-12-04（1）.

［5］戴海凤.高校图书馆科普阅读推广服务模式研究［J］.华章，2023（12）：88—90.

［6］吴江杭.高中图书馆阅读推广创新服务分析［J］.中国报业，

2023（22）：233—235.

［7］刘荟.基于 OBE 理念的高校图书馆阅读推广模式研究［J］.图书情报导刊，2023，8（11）：15—20.

［8］杨红岩.高校图书馆"党建＋阅读推广"服务育人创新研究［J］.齐齐哈尔大学学报（哲学社会科学版），2023（11）：152—155.

［9］张燕.新时期公共图书馆阅读推广空间建设［J］.文化月刊，2023（11）：105—107.

［10］孙佩珍.数字化时代公共图书馆阅读推广模式探究［J］.文化月刊，2023（11）：120—122.

［11］陈雪娟，高文凤.高质量图书馆服务经管学科教学与人才培养能力提升路径研究［J］.江苏科技信息，2023，40（32）：49—51.

［12］郭凤媛.新媒体时代下高校图书馆全民阅读推广研究［J］.采写编，2023（11）：187—189.

［13］于婷婷.新时期公共图书馆红色经典阅读推广策略研究［J］.河南图书馆学刊，2023，43（11）：59—61.

参考文献